일상을 엮다, 라탄 라이프

누구나 쉽게 배우는
생활 속 라탄 소품 만들기

김경희 지음

일상을 엮다,
라탄 라이프

비타북스

여러분의 취미는 무엇인가요?

취미를 묻는 질문은 비밀번호 찾기 설정에까지 등장할 정도로 흔한 것이지만 결혼 전에는 일에 치여, 결혼 후에는 육아와 살림이라는 핑계로 저에게는 선뜻 대답하기 힘든 질문이기도 했습니다.

전투와도 같았던 시기에서 벗어나자 이제는 나만의 취미를 가져도 좋겠다는 생각이 들었습니다. 하지만 내가 무엇을 좋아하고 무엇을 하고 싶은지 여전히 모호했어요. 결국 무엇이든 일단 시작해보자는 생각으로 학창시절 이후로 손을 놓았던 그림도 다시 그리고 가죽공예는 물론 목공예, 수제 캔들에 이르기까지 할 수 있는 건 무엇이든 다 시도했지요.

그러다 라탄을 만났습니다.

처음에는 신혼 시절부터 하나씩 사 모았던 라탄 작품들을 내 손으로 직접 만들 수 있다는 사실이 그저 신기하기만 했어요. 덕분에 처음 라탄공예를 배울 때는 주말도 포기하고 매일 아침 8시부터 밤 10시가 넘도록 라탄 만들기에만 빠져 지냈습니다. 신기하게도 한 번도 힘들다는 생각이 들지 않았던 시간이었습니다.

라탄 작품을 하나씩 만들어갈수록 같은 작품을 만들어도 나의 마음에 따라 제각기 다른 결과물이 완성되는 라탄의 매력에 더욱 빠져들게 되었습니다. 나의 손끝에서 완성되는 작품을 하나씩 마주하고 실제로 생활 속에서 사용할 때마다 느끼는 뿌듯함은 덤이었어요.

이 책에서는 유용하게 사용할 수 있는 라탄 생활용품이나 집안의 분위기를 환기시켜줄 수 있는 인테리어 소품들을 위주로 소개했습니다. 직접 만든 라탄 작품을 통해 매일 마주하는 평범한 일상이 특별해지는 경험을 더 많은 독자들과 나누고 싶었기 때문이에요.

결과물이 완벽해야 할 필요는 없어요.
이 책이 여러분의 일상에 새로운 즐거움을 선물해줄 수 있다면 그것만으로 충분합니다.
여러분의 일상을 즐겁게 엮어갈 새로운 취미 하나 만들어 보시는 건 어떨까요?

김경희

contents

Prologue   5

재료 & 도구   10

준비 & 마무리   14

용어 정리   16

① Rattan Basic

바닥 짜기

十자엮기   20

井자엮기   21

米자엮기   22

자리엮기(타원바닥)   23

몸통 짜기

막엮기   24

따라엮기   25

2줄꼬아엮기   26

3줄꼬아엮기   27

마무리 짜기

엮어마무리   28

국화마무리   30

젖혀마무리   32

감아마무리   34

라탄 만들기 TIP

사릿대 잇기   38

사릿대 추가   39

날대 길이 맞추기   40

덧날대 끼우기   40

날대 자르기   41

② Rattan tray & Basket

十자바닥 코스터   44

卄자바닥 코스터   50

연꽃바구니   56

원형바구니   62

원형채반   68

뚜껑바구니   78

투톤 빨래바구니   92

③ Rattan Decoration

무늬 컵홀더   106

평심 컵홀더   112

화병   118

파우치 토트백   124

에코 라탄백   130

삼각전등갓   138

원형전등갓   148

원형거울   154

materials & tools

재료 & 도구

라탄을 이용해 작품을 만들 때 필요한 기본 재료와 도구들이다. 라탄을 비롯한 모든 재료는 인터넷을 통해 쉽게 구할 수 있으며, 작품의 종류와 크기에 맞추어 주문한다.

등나무 rattan

라탄(rattan)을 뜻하는 등나무는 열대지방에서 주로 자라는 식물로 길고 질긴 것이 특징이다. 자르고 삶는 일련의 과정을 거쳐 실과 같이 얇고 긴 형태가 되면 라탄공예의 재료로 사용할 수 있다. 물에 닿으면 부드러워지는 특성이 있어 인공적인 재료 없이 자르고 엮는 과정만으로 누구나 멋진 라탄 작품을 완성할 수 있다.

환심 : 라탄공예에서 가장 많이 쓰이는 재료로 1mm~7mm에 이르기까지 굵기가 다양해 작품에 따라 선택해 작업할 수 있다. 초보자도 부담 없이 손쉽게 다룰 수 있는 것이 특징이다. 책에서는 지름 2mm~3mm 환심을 주로 사용하였다.

평심 : 환심과 달리 양쪽면이 모두 평평하다. 한쪽면만 둥근 것은 반평심이라고 한다. 마무리 작업이나 테두리를 감아 단단히 고정하는 데 많이 사용된다.

피등 : 등나무 껍질을 가공해 만든 재료다. 환심에 비해 질긴 것이 특징이며 책에서는 작품 마무리 단계에서 주로 사용하였다.

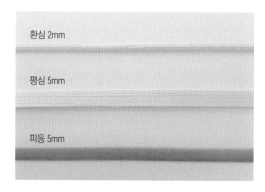

환심 2mm

평심 5mm

피등 5mm

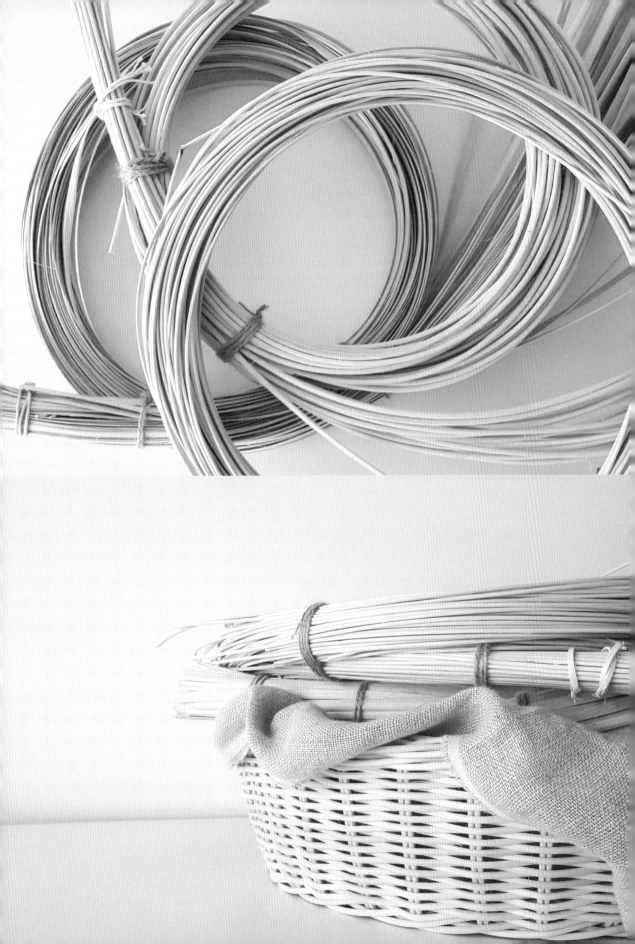

그릇	라탄을 소분할 때, 혹은 작업 전 라탄을 부드럽게 만들기 위해 물에 불려둘 때 사용한다. 재료 전체가 충분히 물에 잠길 수 있도록 지름 30cm 이상의 넉넉한 사이즈의 그릇을 사용하는 것이 좋다.
가위	재료를 재단하고 정리할 때 사용한다. 등나무는 탄성이 있는 재료이므로 일반 가위보다는 단면이 더 깔끔하게 잘리는 원예용 가위를 사용하는 것이 좋다.
송곳	덧날대를 끼우거나 손잡이를 연결할 때 짜임 사이 공간을 확보하기 위해 사용한다.
줄자	라탄의 길이를 재단하거나 작품의 크기를 확인할 때 사용한다.
분무기	등나무는 물에 젖었을 때 부드러워지는 특성이 있다. 따라서 작품을 만드는 과정 사이사이 분무기를 이용해 수시로 물을 뿌려 재료가 마르지 않도록 유지해야 한다.

그릇

분무기

가위

송곳

줄자

준비 & 마무리

라탄 작품을 만들기 전 간단한 기초 작업이 필요하다. 작품을 만드는 데 필요한 만큼 재료를 소분하고 재단하는 것은 물론, 라탄을 미리 물에 담가 부드럽게 만들어야 한다. 또한 라탄의 특성에 맞는 관리법을 익혀두어야 오랫동안 사용할 수 있다.

재료 소분하기

라탄은 마치 커다란 실타래처럼 500g~1kg 단위로 둥글게 말린 상태로 판매된다. 따라서 미리 재료를 소분해두어야 작품을 만들 때 용이하다.

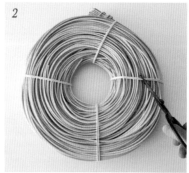
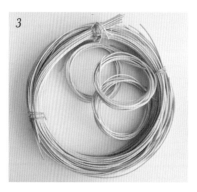

1. 재료가 묶여 있는 상태 그대로 약 5분 정도 물에 담가둔다.
2. 재료를 묶은 끈을 제거한다.
3. 전체 라탄에서 1/3 정도를 나눠 날대 용으로 크게 말아준다. 나머지는 사릿대 용으로 작게 말아 묶어 놓는다.
4. 소분한 재료는 통풍이 잘되는 곳에서 충분히 말려 보관한다.

물에 담그기

본격적인 만들기에 들어가기 전, 재단한 라탄을 5분~10분 정도 물에 담가 유연하게 만들어야 한다. 또한 작업 중에도 재료가 마르지 않도록 분무기를 사용해 계속해서 물을 뿌려주는 것이 좋다. 재료가 충분히 젖지 않은 상태에서 작업을 하면 부러지기 쉽고, 마찰로 인해 생기는 보풀도 늘어날 수 있다. 다만 오랜 시간 물에 담가두면 재료가 변색되거나 상하기 쉬우니 유의한다.

마무리 및 보관

라탄은 습기에 취약하다. 따라서 작품을 완성한 뒤에는 완전히 마를 수 있도록 통풍이 잘 되는 곳에서 충분히 건조해야 한다. 적절한 건조 과정을 거치지 않으면 변색되거나 곰팡이가 생길 수 있다. 목기 도마용 오일링 작업을 진행하거나 바니시(광택제)를 칠해 내구성을 높일 수 있다.

용어 정리

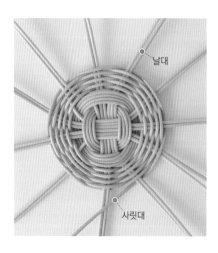

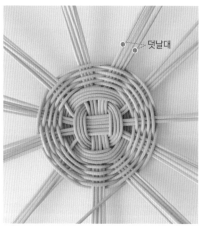

날대

작품의 기둥이 되는 부분이다. 짜임에서 주로 세로로 놓인다.

사릿대

날대를 중심으로 교차하며 날대 사이 작품의 넓은 면을 채워주는 역할을 한다. 짜임에서 주로 가로로 놓인다.

덧날대

작품의 크기를 키우거나, 날대 사이가 너무 넓어 작품의 내구성이 떨어질 때 덧날대를 추가한다. 덧날대를 끼우는 법은 p.40에 자세히 소개했으니 참고한다.

* 날대 길이 계산

날대의 길이는 마무리에 따라 길이 차이가 크다. 작품 만들기에 익숙해지기 전에는 충분한 여유를 두고 계산하는 것이 좋다.

- 날대 : 작품 바닥의 지름 + 높이×2 + 둘레×2
- 덧날대 : 남아 있는 날대의 길이 + 1.5cm

1

Rattan Basic

라 탄 짜 임 의 기 본

바닥 짜기

十자엮기

라탄 만들기에서 자주 사용되는 가장 만들기 쉬운 바닥 짜기 방법이다. 날대를 十자 모양으로 나누고
위아래로 번갈아 엮어 고정시키는 방식으로 작품의 크기와 모양에 따라 날대의 개수를 늘리고 줄일 수 있다.

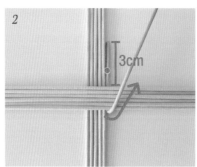

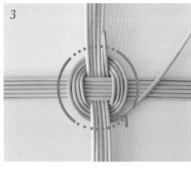

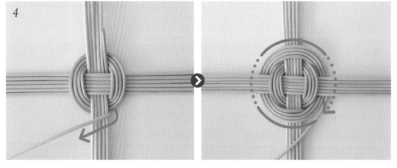

1   가로 6줄, 세로 5줄의 날대를 교차해 十자 모양을 만든다.

2   ●공간에 사릿대 1줄을 끼운다. 위쪽에 3cm 여분을 두고 끼운 뒤 사릿대를 위로 꺾는다.

3   사릿대를 날대 위아래로 교차해가며 시계 반대 방향으로 4바퀴 감는다.
       Tip 사릿대와 날대 사이 빈 공간이 생기지 않도록 최대한 가깝게 붙여 감는다.
       Tip 감는 횟수를 늘릴수록 바닥면이 더욱 넓어진다.

4   사릿대를 반대로 꺾어 시계 방향으로 4바퀴 감아 바닥을 완성한다.

#자엮기

바닥이 평평한 작품을 만들 때 많이 사용하는 방법이다. 바닥의 중심이 #자 형태를 이룬다.
대체로 4그룹의 날대를 사용하지만 작품의 크기에 따라 날대의 개수를 늘리고 줄여 응용할 수 있다.

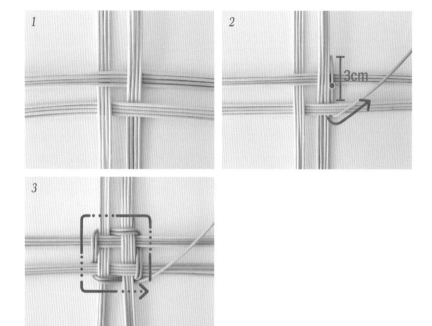

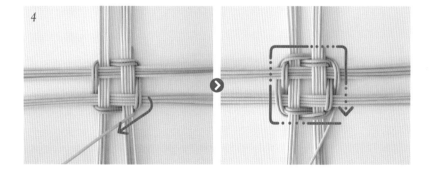

1   날대를 4줄씩 4등분 한 뒤 서로 엇갈려 끼워 #자 모양을 만든다.
2   ●공간에 사릿대 1줄을 끼운다. 위쪽에 3cm 여분을 두고 끼운 뒤 사릿대를 위로 꺾는다.
3   사릿대를 날대 위아래로 교차해가며 시계 반대 방향으로 2바퀴 감는다.
    Tip 사릿대와 날대 사이 빈 공간이 생기지 않도록 최대한 가깝게 붙어 감는다.
4   사릿대를 반대로 꺾어 시계 방향으로 2바퀴 감아 바닥을 완성한다.

米자엮기

작품의 크기가 크거나 작품의 내구성을 높이고자 할 때 사용하는 바닥 짜기 방식이다. 바닥의 중심 모양이 米자 모양을 띤다.

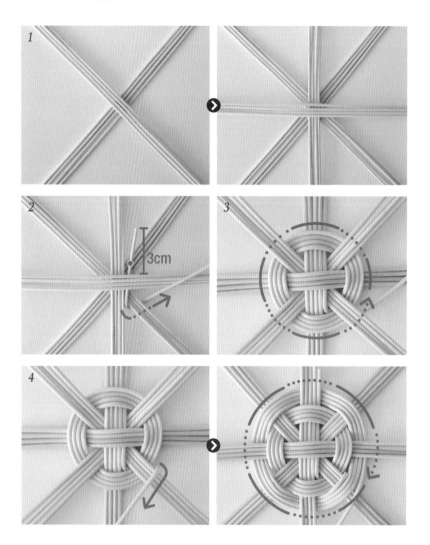

1 날대를 4줄씩 4등분 한 뒤 2개 그룹으로 X자 모양을 만든다. 그 위에 나머지 2그룹을 十자 모양으로 교차해 올려 날대가 米자 모양이 되도록 만든다.

2 ●공간에 사릿대 1줄을 끼운다. 위쪽에 3cm 여분을 두고 끼운 뒤 사선으로 놓인 날대의 뒤를 감싸며 사릿대를 꺾는다.

3 사릿대를 날대 위아래로 교차해가며 시계 반대 방향으로 4바퀴 감는다.
   Tip 사릿대와 날대 사이 빈 공간이 생기지 않도록 최대한 가깝게 붙여 감는다.

4 사릿대를 반대로 꺾어 시계 방향으로 4바퀴 감아 바닥을 완성한다.

자리엮기 (타원바닥)

타원형의 채반이나 바구니를 짤 때 주로 사용하는 방식이다. 앞서 배운 +자엮기나 #자엮기의 응용이라
할 수 있다. 작품의 모양과 크기에 따라 날대의 개수를 늘리거나 줄일 수 있다.

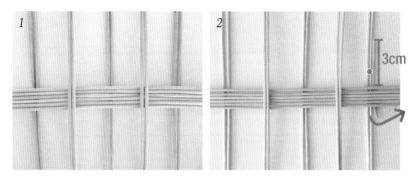

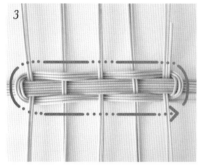

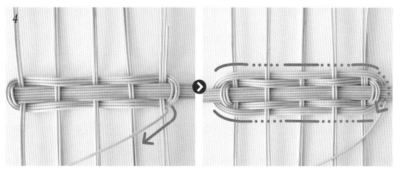

1 2줄씩 5등분 한 세로 날대와 6줄로 묶은 가로 날대를 서로 엇갈려 끼워 놓는다.

2 ●공간에 사릿대 1줄을 끼운다. 위쪽에 3cm 여분을 두고 끼운 뒤 사릿대를 위로 꺾는다.

3 사릿대를 날대 위아래로 교차해가며 시계 반대 방향으로 3바퀴 감는다.
 Tip 사릿대와 날대 사이 빈 공간이 생기지 않도록 최대한 가깝게 붙여 감는다.

4 사릿대를 반대로 꺾어 시계 방향으로 3바퀴 감아 바닥을 완성한다.

몸통 짜기

막엮기

라탄 작품의 몸통을 만들기 위해 가장 많이 사용하는 기본 방식으로 깔끔하고 간결한
느낌을 준다. 이 책에 소개되는 거의 모든 작품을 만들 때 사용하는 방법이니 충분히 익혀두자.

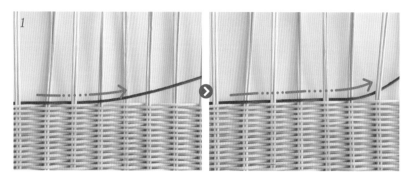

1   1개의 사릿대로 날대 위아래를 교차해가며 엮는다.

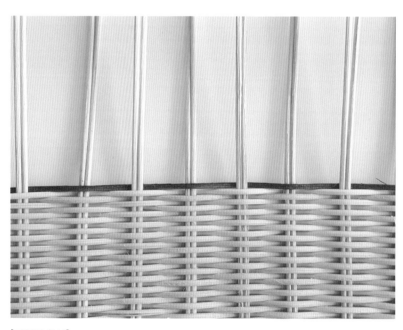

[막엮기 완성]

따라엮기

날대의 개수가 짝수일 때는 짜임의 겹침 현상을 피하기 위해 2개의 사릿대가 필요하다.
사릿대의 개수만 다를 뿐, 엮어나가는 방식은 막엮기와 동일하니 참고한다.

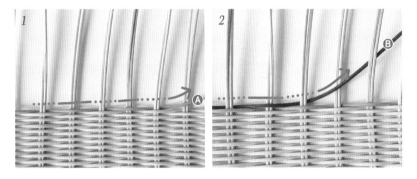

1 A사릿대로 막엮기를 1바퀴 짠다.
2 추가한 B사릿대로 기존의 막엮기의 짜임과 반대가 되도록 날대를 위아래로 교차해가며 엮는다.
   A, B사릿대를 번갈아 사용해 짜임을 이어 나간다.

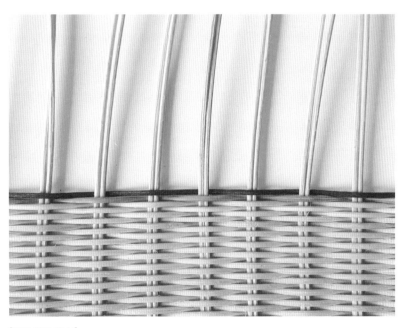

[따라엮기 완성]

2줄꼬아엮기

2개의 사릿대로 날대를 감아 새끼를 꼬듯 꼬아가는 방식이다. 마무리 단계로
넘어가기 전이나 옆면을 올리기 전 짜임을 단단히 고정하기 위해 주로 사용한다.

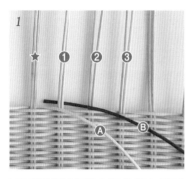

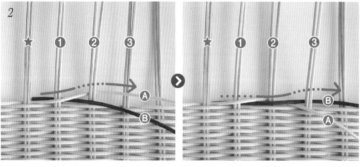

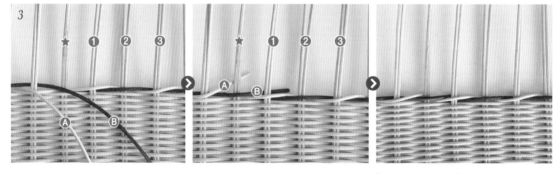

[2줄꼬아엮기 완성]

1   1번 날대 뒤에 여분의 B사릿대를 끼운다.

2   A사릿대는 1번 날대 앞을 지나 2번 날대 뒤로 돌아 뺀다. B사릿대는 2번 날대 앞을 지나 3번 날대 뒤로 돌아 뺀다.
이 꼬임을 반복해 엮어 나간다.

3   B사릿대가 시작날대(★)와 만나면 B사릿대는 1번 날대 뒤로, A사릿대는 시작날대 뒤로 넘긴 뒤 각 사릿대가 날대
에서 빠지지 않을 정도의 길이로 잘라 마무리한다.

3줄꼬아엮기

2줄꼬아엮기와 마찬가지로 작품의 옆면을 높이 올리는 데 자주 활용하는 방식으로
작품에 무늬를 만들 때에도 사용된다.

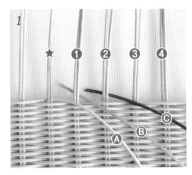

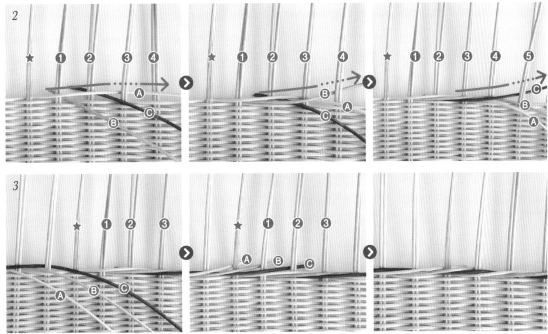

[3줄꼬아엮기 완성]

1 1번 날대 뒤에 B사릿대를, 2번 날대 뒤에 C사릿대를 끼운다.

2 A사릿대는 1, 2번 날대 앞을 지나 3번 날대 뒤로 돌아 뺀다. B사릿대는 2, 3번 날대 앞을 지나 4번 날대 뒤로 돌아
    뺀다. C사릿대는 3, 4번 날대 앞을 지나 5번 날대 뒤로 돌아 뺀다. 이 꼬임을 반복해 엮어 나간다.

3 C사릿대가 시작날대(★)와 만나면 C사릿대는 2번 날대 뒤에, B사릿대는 1번 날대 뒤에, A사릿대는 시작날대(★)
    뒤로 넘긴 뒤 각 사릿대가 날대에서 빠지지 않을 정도의 길이로 잘라 마무리한다.

마무리 짜기

엮어마무리

채반이나 바구니 등에 두루 쓰이는 마무리 방법으로 날대를 위아래로 교차해 엮어 마무리하는 방식이다.
날대의 개수나 순서에 따라 다양한 응용이 가능해 여러 모양을 만들 수 있다. 날대의 수가 많을수록 더욱 풍성한
형태가 갖춰진다.

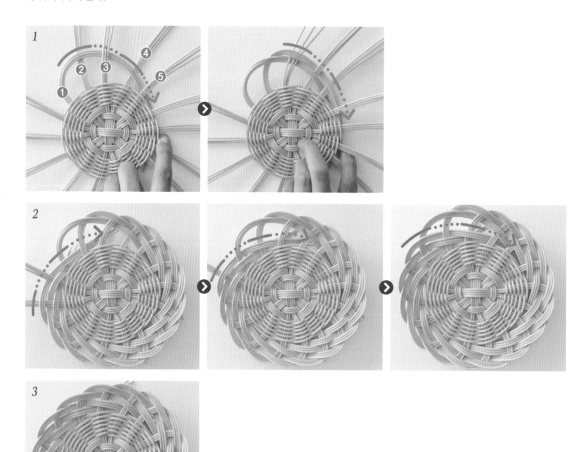

1   5개의 날대를 한 그룹으로 삼는다. 1번 날대를 2번 위, 3번 아
래, 4번 위를 지나 5번 아래에 놓는다. (상하상하) 오른쪽으로
한 칸씩 이동하며 동일한 방식으로 엮어 나간다.

2   마지막 남은 날대 역시 동일한 방식으로 엮는다.

3   뒤쪽의 날대를 당겨 날대 사이에 빈 공간이 생기지 않도록 한
다. 길게 삐져나온 날대는 빠지지 않을 정도의 길이로 잘라 마
무리한다.

[엮어마무리]를 활용한 작품

국화마무리

쉽고 재미있는 국화마무리다. 독특한 느낌의 라탄 작품을 만드는 데 활용하기 좋은 기법으로
방법이 쉽고 간단해 누구나 부담 없이 만들 수 있다.

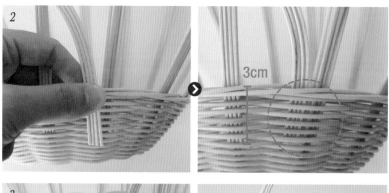

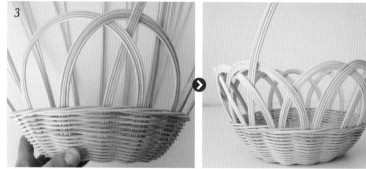

1   4개의 날대를 한 묶음으로 삼는다. 1번 날대를 2번 뒤, 3번 앞을 지나 4번 날대 옆에 구부려 놓는다.
      이때 원하는 바구니의 높이를 가늠하며 날대를 구부린다.

2   구부린 날대의 끝이 3cm 깊이로 들어갈 수 있도록 적당한 길이로 자른 뒤 날대 옆에 끼워 넣는다.
      Tip 날대를 끼우기 어렵다면 송곳을 이용해 공간을 확보한다.

3   오른쪽으로 한 칸씩 이동하며 동일한 방식으로 엮어나간다.

[국화마무리]를 활용한 작품

젖혀마무리

날대를 차례대로 젖히고 끼우는 총 3단계의 마무리 방법이다.
만드는 방법은 간단하지만 완성도가 높은 방식으로 여러 작품에 두루 활용하기 좋다.

> 1단계

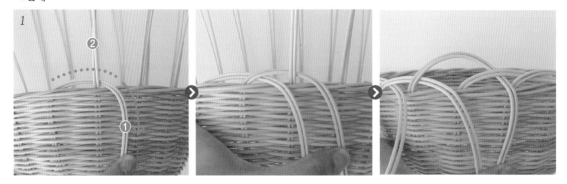

> 2단계

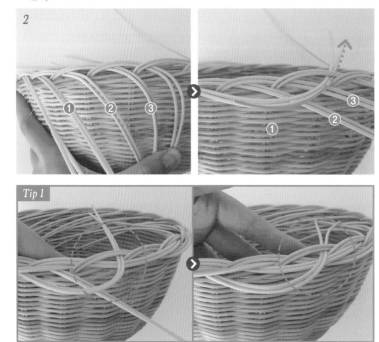

1　1번 날대를 2번 날대 뒤로 감아 앞으로 뺀다. 오른쪽으로 한 칸씩 이동하며 동일한 방식으로 1바퀴 감는다.

2　3개의 날대를 한 그룹으로 삼는다. 1번 날대를 2, 3번 날대 위를 지나 3번 옆 공간에 끼워 넣는다. 오른쪽으로
　　한 칸씩 이동하며 동일한 방식으로 1바퀴 감는다.

　　Tip 1 마지막 남은 2개의 날대는 사진에 표시된 위치에 끼워 넣는다. 날대를 끼우기 어렵다면 송곳을 이
　　용해 공간을 확보한다.

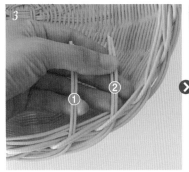
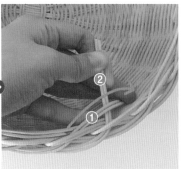
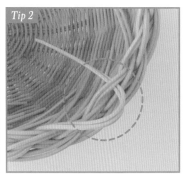

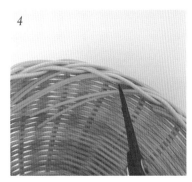

3   안쪽으로 뻗어 있는 날대로 이어 작업한다. 2개의 날대를 한 그룹으로 삼아 2번 날대 위에 1번 날대를 올리고 그대로 아래로 꺾는다. 오른쪽으로 한 칸씩 이동하며 동일한 방식으로 1바퀴 감는다.

   Tip 2 마지막 남은 1개의 날대는 사진에 표시된 위치에 끼워 넣는다. 날대를 끼우기 어렵다면 송곳으로 공간을 확보한 뒤 진행한다.

4   날대가 빠지지 않을 정도의 길이로 잘라 마무리한다.

[젖혀마무리]를 활용한 작품

감아마무리

라탄 작품을 만들 때 자주 사용되는 방법으로 단단하고 견고한 것이 특징이다.
일반적으로 2단계에서 3단계로 마무리하며 단계를 추가할수록 더 단단하게 마무리할 수 있다.

> **1단계**

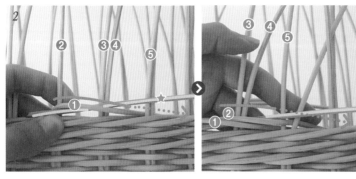

1   심지 사릿대(★)는 바구니를 한 바퀴 감을 수 있는 길이로 잘라 준비한다.

2   심지 사릿대를 날대 앞에 댄다. 4줄의 날대를 한 그룹으로 삼고 1번 날대는 앞으로 꺾어 2, 3, 4번 날대 앞을 지나 5번 날대 뒤로 보낸다. 오른쪽으로 한 칸씩 이동하며 동일한 방식으로 1바퀴 감는다.

3   날대가 3줄 남았을 때 심지 사릿대를 서로 맞닿는 길이로 자른다.

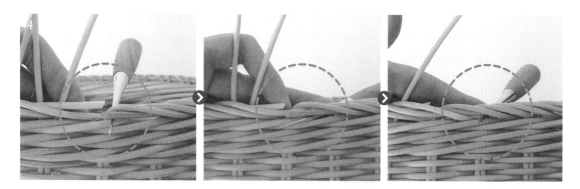

> **2단계**

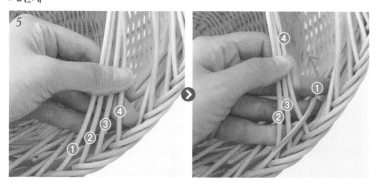

4 남은 3줄의 날대는 송곳으로 빈 공간을 만들어 가며 사진에 표시된 위치에 끼워 넣는다.

5 안쪽으로 뻗어 있는 날대로 이어 작업한다. 4줄의 날대를 한 그룹으로 삼고, 1번 날대를 2, 3, 4번 날대 위를 지나 아래로 꺾는다. 오른쪽으로 한 칸씩 이동하며 동일한 방식으로 1바퀴 감는다.

   Tip 마지막 남은 3줄의 날대는 사진에 표시된 위치에 끼워 넣는다. 날대를 끼우기 어렵다면 송곳으로 공간을 확보한 뒤 진행한다.

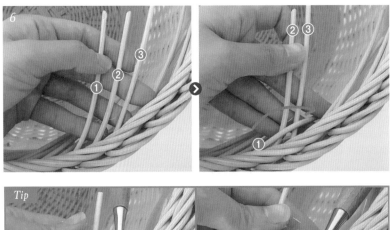

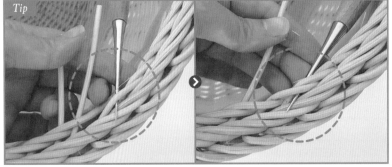

6   안쪽으로 뻗어 있는 날대로 이어 작업한다. 3줄의 날대를 한 그룹으로 삼고 1번 날대를
2, 3번 날대 위를 지나 아래로 꺾는다. 날대가 빠지지 않을 정도의 길이로 잘라 정리해
감아마무리를 완성한다.

    Tip 마지막 남은 2줄의 날대는 사진에 표시된 위치에 끼워 넣는다. 날대를 끼우기
어렵다면 송곳으로 공간을 확보한 뒤 진행한다.

[감아마무리]를 활용한 작품

사릿대 잇기

사릿대의 색을 바꾸거나 짜임을 진행하던 사릿대의 길이가 모자라
새로운 사릿대를 연결해야 할 때 사용한다.

막엮기·따라엮기

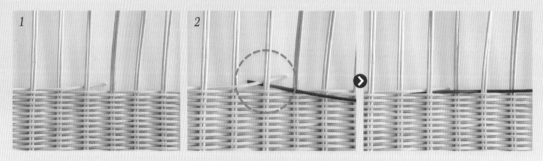

1   짜임을 진행하던 사릿대가 날대 뒤에 위치했을 때 새로 이을 사릿대를 준비한다.

2   날대 뒤에서 기존의 사릿대 아래에 새로 엮어 나갈 사릿대를 놓은 다음 기존의 짜임을 이어간다.

꼬아엮기

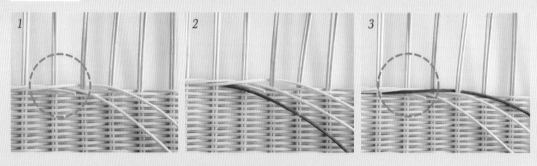

1   길이가 모자란 사릿대로 짜임을 진행할 때 사릿대 잇기를 한다.

2   새로운 사릿대를 기존 사릿대 아래에 놓은 다음 꼬아엮기를 진행한다.

3   기존의 사릿대는 짜임이 풀리지 않을 정도의 길이로 잘라 마무리한다.

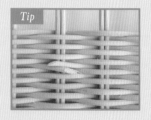

Tip 사릿대를 잇고 난 다음에는 2개의 사릿대 모두 걸쳐 있는 날대에서 빠지지 않을
정도의 길이로 사선으로 잘라주어야 한다. 사릿대를 너무 짧게 짜르면 사릿대가 빠
져 짜임이 풀리거나 빈틈이 생길 수도 있으니 유의하자.

사릿대 추가

날대의 개수가 짝수인 경우 사릿대를 감을 때 위아래 짜임이 앞뒤로 엇갈리지 않고
같은 방향으로 겹치는 현상이 나타난다. 여분의 사릿대를 추가해
2개의 사릿대로 각각 엮어나가면 이러한 현상을 피할 수 있다.

1   짜임이 겹치는 날대(●) 뒤에 여분의 사릿대를 추가한다. 추가한 사릿대로 막엮기를 1바퀴 감는다.
2   추가한 사릿대가 기존의 사릿대와 만나면 기존의 사릿대로 다시 막엮기를 1바퀴 진행한다. (따라엮기 방식과 동일)

* 사릿대 추가 없이 1개로 엮기

앞서 설명한 대로 날대의 개수가 홀수면 사릿대를 추가하지 않고 짜임을 이어나갈 수 있다. 이 책에서는 十자엮기를 제외
하고 모두 추가 사릿대를 덧대 작업했다. 사릿대 1개로 작업할 수 있는 바닥 짜임별 날대 개수는 다음과 같다.

十자엮기   井자엮기   米자엮기

날대 길이 맞추기

작품의 바닥을 어느 정도 만들고 난 뒤에는 날대의 길이와 중심을 맞춰야
작품을 끝까지 안정적으로 완성할 수 있다.

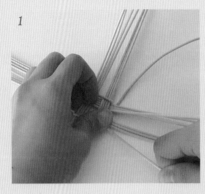 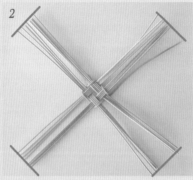

1   날대의 중심에 맞춰서 바닥을 만든다.
2   양쪽 날대를 잡아당겨 날대의 길이를 모두 동일하게 맞춘다.

덧날대 끼우기

작품의 기둥이 되는 날대를 추가해 더욱 튼튼하게 만들기 위한 작업이다. 작품의 크기를 키우기 위해서
필요한 작업이기도 하며 거의 모든 작품에 활용되는 단계이니 반드시 알아두도록 하자.

1   덧날대 용으로 사용할 환심의 끝은 사선으로 잘라 준비한다.
2   날대 양옆에 송곳을 끼워 덧날대가 들어갈 공간을 확보한 다음, 준비한 덧날대(●)를 1.5cm 깊이로 끼운다.

날대 자르기

마무리 짜기를 모두 마친 날대는 적당한 길이로 잘라 정리한다.
날대가 빠지지 않고 짜임이 풀리지 않을 만한 길이로 자를 수 있도록 유의한다.

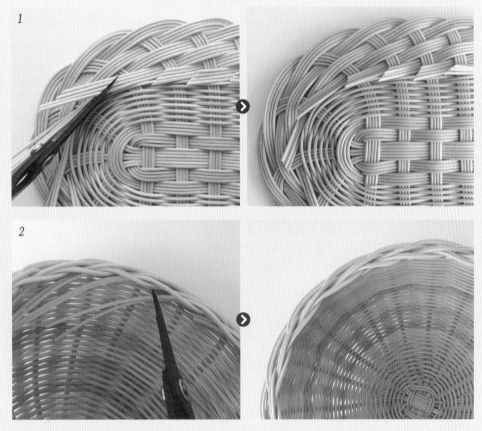

1   서로 걸쳐져 있는 날대를 지나 1cm 정도의 여유를 둔 상태에서 사선으로 자른다.
2   날대가 빠지지 않도록 1cm 이상의 여유를 두고 자른다.

2

Rattan
Tray & Basket

채반과 바구니

CLASS 1

十자바닥 코스터 (지름 10cm)

〈라탄 베이직〉에서 소개한 짜임을 활용해 완성한 기본 코스터다.
코스터뿐 아니라 액세서리를 올려두는 보관함 등으로 다양하게 사용할 수 있다.
짜임의 수를 늘려 크기를 키우면 원형채반이 된다.

재료와 도구

날대
환심 (지름 2mm, 길이 45cm) 11줄

덧날대
환심 (지름 2mm, 길이 20cm) 22줄

사릿대
환심 (지름 2mm) 여분

줄자
송곳
가위
분무기

활용 짜임

바닥
十자엮기

몸통
막엮기

마무리
엮어마무리

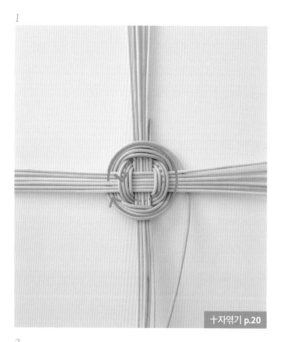

十자엮기 p.20

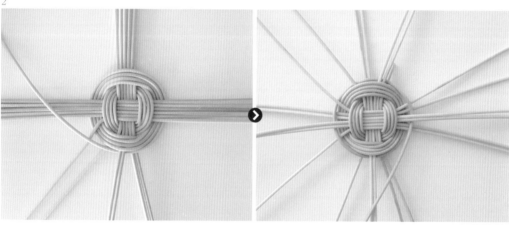

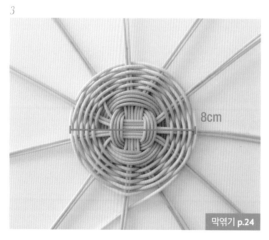

8cm

막엮기 p.24

1   가로 6줄, 세로 5줄의 날대로 十자
    엮기를 해 바닥을 만든다. (시계 반
    대 방향 4바퀴, 시계 방향 4바퀴)

2   날대 2줄씩 한 묶음이 되도록 나눠
    가며 막엮기로 1바퀴 감는다.

3   바닥의 지름이 8cm가 될 때까지
    막엮기를 이어간다.

46

4   날대 양옆에 덧날대(●)를 하나씩 끼운다. 각 날대의 개수는
    4줄이 된다.

5   바닥의 지름이 10cm가 될 때까지 막엮기를 한다. 사릿대를
    빠지지 않을 정도의 길이로 잘라 정리한다.

덧날대 끼우기 p.40

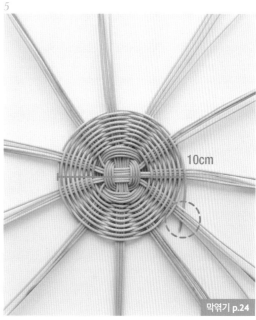

10cm

막엮기 p.24

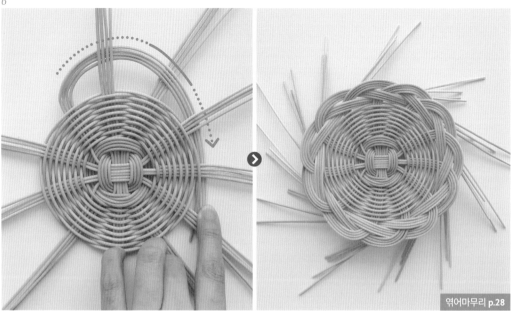

엮어마무리 **p.28**

6   4개의 날대를 한 그룹으로 삼고 엮어마무리를 진행한다. (하상하)
7   빈 공간이 생기지 않도록 최대한 날대를 당겨 정리한 뒤 적당한 길이로
      잘라 완성한다.

7

날대 자르기 **p.41**

STORY

...an was und...
...nese gover...
...frugality a...
...nabits of the J...
see some change as w...
adapted quickly, b...
company of M...

CLASS 2

井자바닥 코스터 (지름 10cm)

젖혀마무리를 활용해 깔끔한 느낌을 연출한 코스터다.
다양한 짜임을 활용해 더욱 개성 있는 나만의 코스터를 완성할 수 있으니 도전해보자.

재료와 도구

날대
환심 (지름 2mm, 길이 50cm) 16줄

사릿대
환심 (지름 2mm) 여분

줄자
송곳
가위
분무기

활용 짜임

바닥
井자엮기

몸통
막엮기, 따라엮기

마무리
젖혀마무리

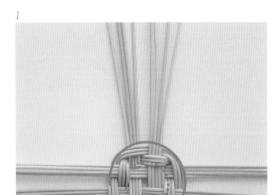

#자엮기 p.21

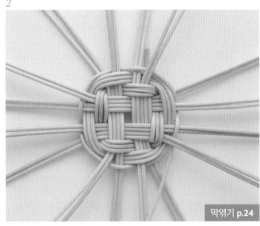

막엮기 p.24

1　날대를 4줄씩 4등분 해 #자엮기로 바닥을 만든다. (시계 반대 방향 3바퀴, 시계 방향 3바퀴)

2　날대 2줄이 한 묶음이 되도록 나눠가며 막엮기로 1바퀴 감는다.

3　짜임이 겹치는 현상을 피하기 위해 ●표시한 날대 뒤에 여분의 사릿대를 1줄 추가한다.

4　바닥의 지름이 10cm가 될 때까지 2줄의 사릿대로 따라엮기한 뒤 남은 사릿대를 적당한 길이로 자른다.

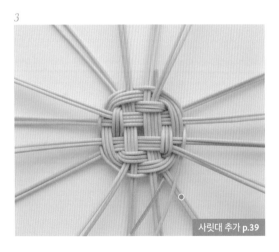

사릿대 추가 p.39

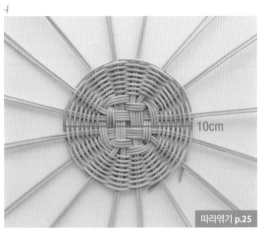

10cm

따라엮기 p.25

5   각 날대를 1줄씩 자른다.

6   남아 있는 1줄의 날대로 젖혀마무리를 한다. 날
       대 사이에 빈 공간이 생기지 않도록 최대한 당겨
       준 뒤 날대를 적당한 길이로 잘라 완성한다.

젖혀마무리 p.32

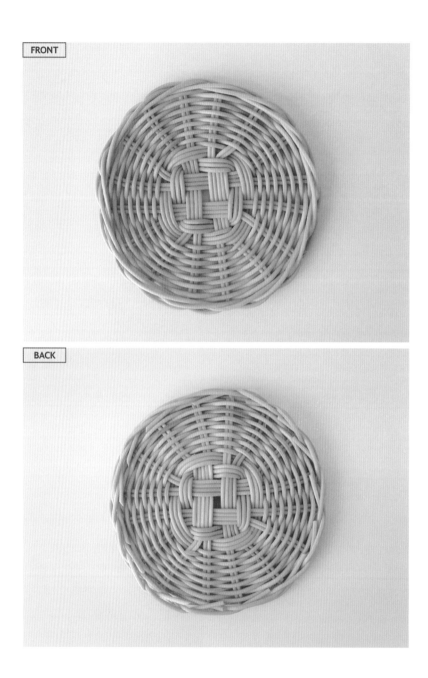

FRONT

BACK

CLASS 3

연꽃바구니 (지름 12cm, 높이 10cm)

마치 연꽃과 같은 모양을 한 바구니다.
여백이 많은 짜임으로 라탄 특유의 시원한 느낌을 극대화했다.
인테리어를 위한 소품으로 활용하기에 좋다.

재료와 도구

날대
환심 (지름 2mm, 길이 75cm) 16줄

덧날대
환심 (지름 2cm, 길이 30cm) 32줄

사릿대
환심 (지름 2cm) 여분

줄자
송곳
가위
분무기

활용 짜임

바닥
井자엮기

몸통
막엮기, 따라엮기, 3줄꼬아엮기

마무리
국화마무리

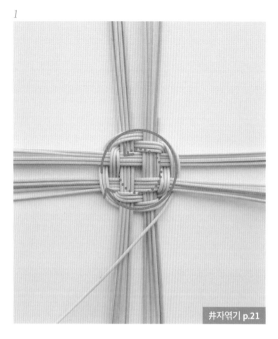

1

#자엮기 p.21

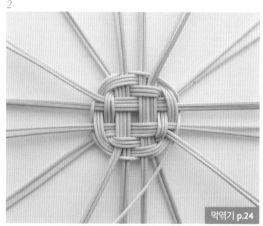

2

막엮기 p.24

1 날대를 4줄씩 4등분 해 #자엮기로 바닥
  을 만든다. (시계 반대 방향 3바퀴, 시계
  방향 3바퀴)

2 날대 2줄씩 한 묶음이 되도록 나눠가며 막
  엮기로 1바퀴 감는다.

3 ●표시한 날대 뒤에 여분의 사릿대를 1줄
  추가한 뒤 바닥의 지름이 12cm가 될 때까
  지 따라엮기한다.

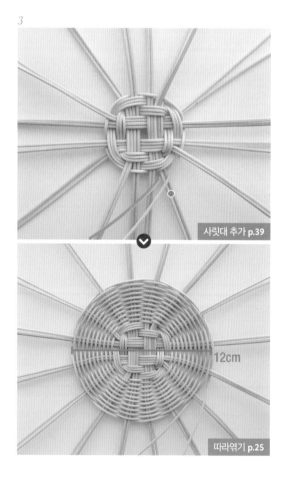

3

사릿대 추가 p.39

12cm

따라엮기 p.25

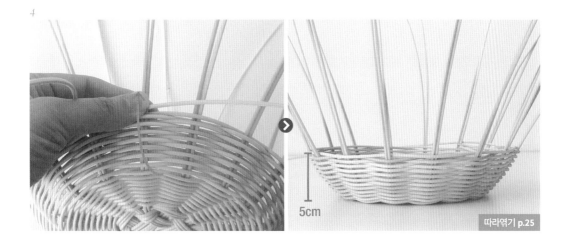

4

따라엮기 p.25

4   바구니 옆면을 세우기 위해 날대를 꺾어 모양을 잡아가며 따라엮기를 5cm 높이까지 진행한다.
     Tip 날대에 물을 충분히 적셔 라탄을 부드럽게 만들며 진행한다.
     Tip 짜임이 올라가는 중간에 날대의 모양이 일정하게 퍼지고 있는지 확인한다.

5   날대 양옆에 덧날대(●)를 하나씩 끼운다. 각 날대의 개수는 4줄이 된다.

5

덧날대 끼우기 p.40

6

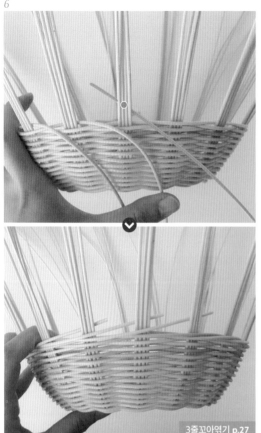

3줄꼬아엮기 p.27

7

국화마무리 p.30

8

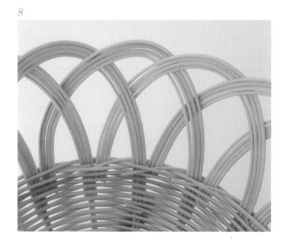

6 ● 표시한 날대 뒤에 여분의 사릿대를 1줄 추
  가한 뒤 3줄꼬아엮기를 1바퀴 진행한다. 사릿
  대를 날대 뒤에서 적당한 길이로 잘라 몸통
  짜기를 마무리한다.

7 3개의 날대를 한 그룹으로 삼고 국화마무리
  를 진행한다.

8 6번 과정에서 자른 사릿대를 몸통 짜임 사이
  에 끼워 넣어 바구니를 완성한다.

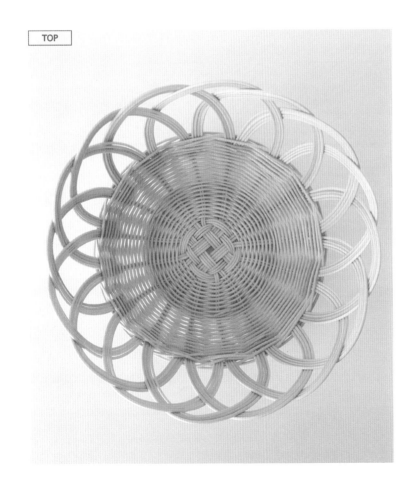

CLASS 4

원형바구니 <small>(지름 23cm, 높이 8cm)</small>

적당한 크기의 바구니로 원하는 물건을 다양하게 담을 수 있다.
실용성과 디자인을 고루 갖춰 집안 어느 곳에 놓아도
라탄만의 분위기로 집안을 따뜻하게 해준다.

재료와 도구

날대
환심 (지름 2mm, 길이 80cm) 11줄

덧날대
환심 (지름 2mm, 길이 35cm) 20줄

사릿대
환심 (지름 2mm) 여분

줄자
송곳
가위
분무기

활용 짜임

바닥
十자엮기

몸통
막엮기, 3줄꼬아엮기

마무리
젖혀마무리

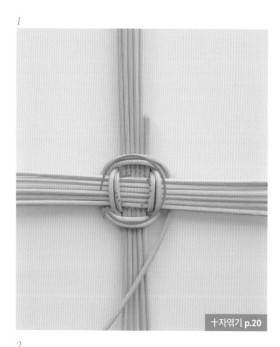

1 가로 6줄, 세로 5줄의 날대로 十자엮기해 바닥을 만든다. (시계 반대 방향 2바퀴, 시계 방향 2바퀴)

十자엮기 p.20

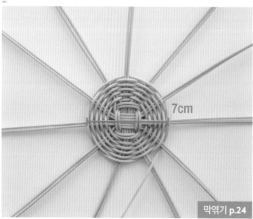

2 날대 2줄씩 한 묶음이 되도록 나눠가며 지름이 7cm가 될 때까지 막엮기를 진행한다.

7cm

막엮기 p.24

3 ●표시한 날대를 제외하고 나머지 날대 양옆에 덧날대를 하나씩 끼운다. 각 날대의 개수는 4줄이 된다.

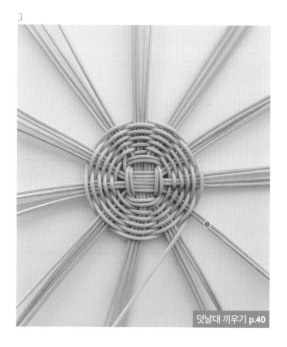

덧날대 끼우기 p.40

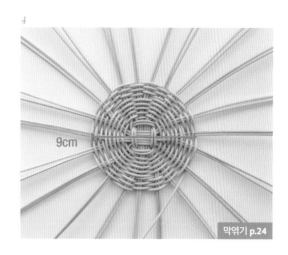

9cm

막엮기 p.24

막엮기 p.24

9cm

4 날대 2줄씩 한 묶음이 되도록 나눠가며 바닥
의 지름이 9cm가 될 때까지 막엮기한다.

5 날대를 꺾어 모양을 잡아가며 막엮기를 이
어가 바구니의 옆면을 세운다. 바구니의 입
구가 조금씩 넓어지도록 모양에 유의하며
높이가 9cm가 될 때까지 짜임을 이어간다.

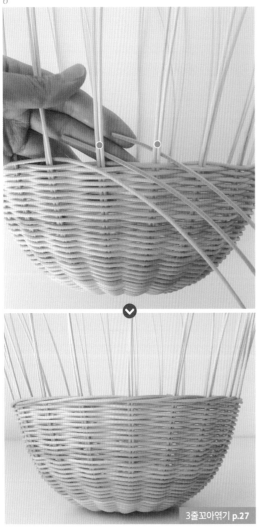

3줄꼬아엮기 **p.27**

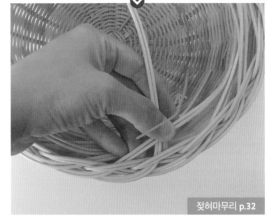

젖혀마무리 **p.32**

6 ● 표시한 날대 뒤에 여분의 사릿대를 2줄 추가한 뒤 3줄꼬아엮기를 1바퀴 진행한다. 사릿대를 날대 뒤로 넘긴 뒤 적당한 길이로 자른다.

7 젖혀마무리를 진행한다. 날대를 적당한 길이로 잘라 바구니를 완성한다.

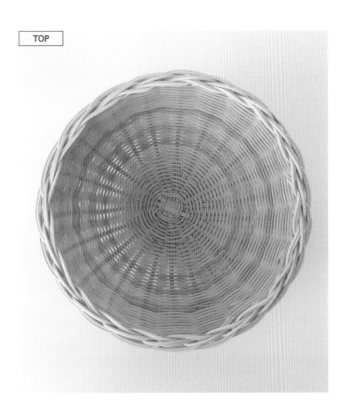

CLASS 5

원형채반 (지름 28cm, 높이 4cm)

끝이 오목하게 올라온 원형채반으로 과일이나 소품 등을
담는 데 활용할 수 있다. 안정적이며 활용도가 높은 디자인이다.

재료와 도구

날대
환심 (지름 2mm, 길이 100cm) 32줄

덧날대
환심 (지름 2mm, 길이 40cm) 32줄

사릿대
환심 (지름 2mm) 여분

줄자
송곳
가위
분무기

활용 짜임

바닥
米자엮기

몸통
막엮기, 따라엮기, 2줄꼬아엮기

마무리
엮어마무리

응용
발 올리기 (1단, 2단)

米자엮기 p.22

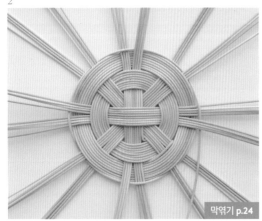

막엮기 p.24

1. 날대를 8줄씩 4등분 해 米자엮기로 바닥을 만든다. (시계 반대 방향 8바퀴, 시계 방향 8바퀴)

2. 날대 4줄씩 한 묶음이 되도록 나눠가며 막엮기를 1바퀴 감는다.

3. ●표시한 날대 뒤에 여분의 사릿대를 1줄 추가한 뒤 바닥의 지름이 15cm가 될 때까지 따라엮기한다.

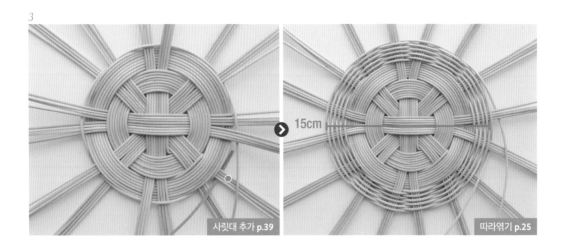

15cm

사릿대 추가 p.39

따라엮기 p.25

4

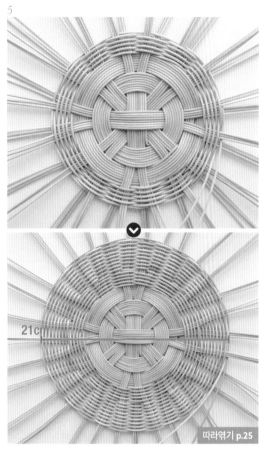

5

덧날대 끼우기 **p.40**

따라엮기 **p.25**

4   날대 양옆에 덧날대(●)를 하나씩 끼운다.
      각 날대의 개수는 6줄이 된다.

5   날대 3줄이 한 묶음이 되도록 나눠가며 따
      라엮기를 한다. 바닥의 지름이 21cm가 될
      때까지 진행한다.

6   2줄꼬아엮기를 1바퀴 진행해 바닥을 단단
      히 고정한다. 날대 뒤에서 사릿대를 적당
      한 길이로 잘라 마무리한다.

6

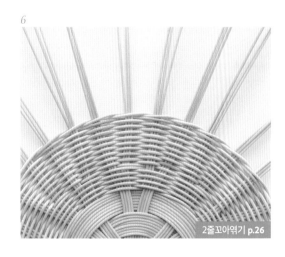

2줄꼬아엮기 **p.26**

7

엮어마무리 p.28

7　8개의 날대를 한 그룹으로 삼고 엮어마무리를 진행한다. (상상하하상상하) 오목한 느낌을 연출하기 위해 최대한 날대를 위로 꺾으며 작업한다.

8　바구니를 뒤집은 다음 날대를 적당한 길이로 잘라 완성한다.

8

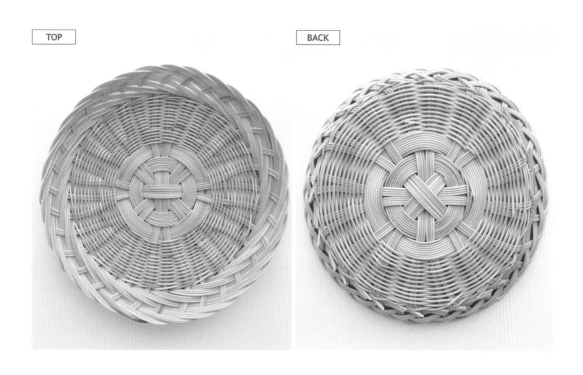

>> 원형채반 마무리 응용법이 이어집니다.

1

2

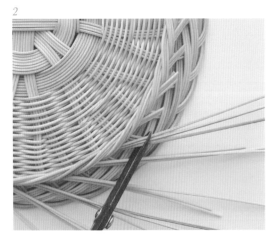

1 엮어마무리(p.72 7번 과정)를 한 뒤 날대를 자르지 않은 상태에서 이어간다. 3개의
   날대를 한 그룹으로 삼고 1번 날대를 2, 3번 날대 뒤를 지나 앞으로 빼준다. 오른쪽
   으로 한 칸씩 이동하며 동일한 방식으로 1바퀴 감는다.

2 서로 걸쳐진 날대를 지나 날대가 빠지지 않도록 적당한 길이로 잘라 완성한다.

1

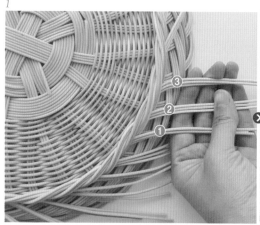
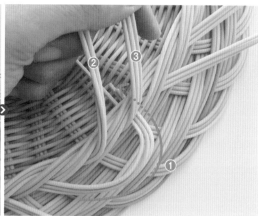

2

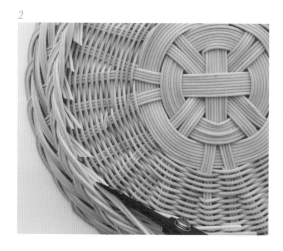

1   1단 발 올리기(p.74 *1*번 과정)를 한 뒤 날대를 자르지 않은 상태에서 이어간다.
     3개의 날대를 한 그룹으로 삼고 1번 날대를 3번 날대 밑으로 끼워 넣는다. 오른
     쪽으로 한 칸씩 이동하며 동일한 방식으로 1바퀴 감는다.

2   서로 걸쳐진 날대를 지나 날대가 빠지지 않도록 적당한 길이로 잘라 완성한다.

뚜껑바구니 (지름 17cm, 높이 13cm)

뚜껑이 있는 원형바구니다. 바구니를 완전히 감싸 덮는 뚜껑과
고리를 달아 가볍게 여닫을 수 있는 2가지 버전의 뚜껑 만들기가 소개되어
취향에 따라 다양하게 만들어볼 수 있다.

바구니

재료와 도구	활용 짜임

날대
환심 (지름 2.5mm, 길이 75cm) 11줄

덧날대
환심 (지름 2.5mm, 길이 35cm) 20줄

사릿대
환심 (지름 2mm) 여분

줄자
송곳
가위
분무기

바닥
十자엮기

몸통
막엮기, 2줄꼬아엮기, 3줄꼬아엮기

마무리
젖혀마무리

응용
뚜껑 만들기 (덮개뚜껑, 고리뚜껑)

＋자엮기 p.20

1. 가로 6줄, 세로 5줄의 날대를 이용해 ＋자엮기로 바닥을 만든다. (시계 반대 방향 3바퀴, 시계 방향 3바퀴)

2. 날대 2줄씩 한 묶음이 되도록 나눠가며 바닥의 지름이 9cm가 될 때까지 막엮기한다.

3. ●표시한 날대를 제외한 나머지 날대의 양옆에 덧날대를 하나씩 끼운 뒤 날대 2줄씩 한 묶음이 되도록 나눠가며 바닥의 지름이 13cm가 될 때까지 막엮기를 이어간다.

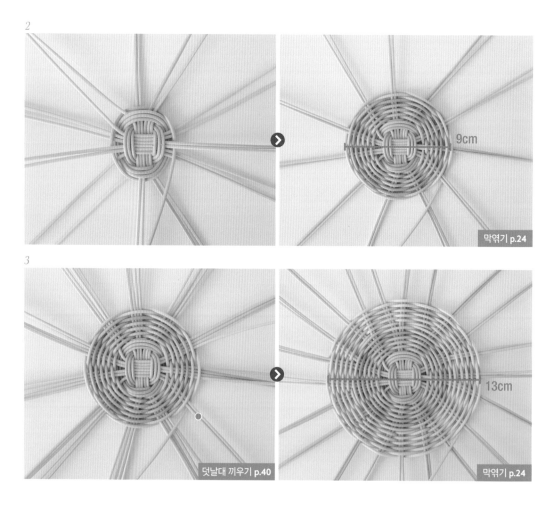

9cm

막엮기 p.24

13cm

덧날대 끼우기 p.40

막엮기 p.24

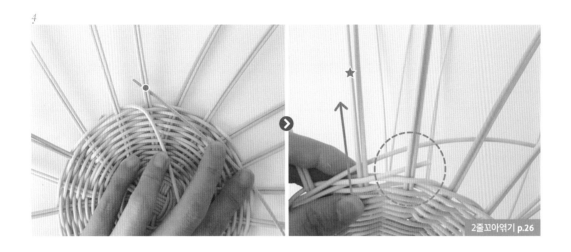

2줄꼬아엮기 p.26

4 　●표시한 날대 뒤에 여분의 사릿대를
　　1줄 추가해 날대를 90도로 꺾으며 2줄
　　꼬아엮기로 1바퀴 감는다. 사릿대가
　　시작날대(★)와 만나면 아래에 위치한
　　사릿대를 날대 뒤에서 자른다.

5 　남은 1줄의 사릿대로 막엮기를 이어간
　　다. 바구니의 높이가 12cm가 될 때까
　　지 진행한다.

　　Tip 바구니가 일정한 둘레를 유지
　　할 수 있도록 날대를 직선으로 유지
　　하고, 날대가 휘지 않게 주의하며 모
　　양을 잡아간다.

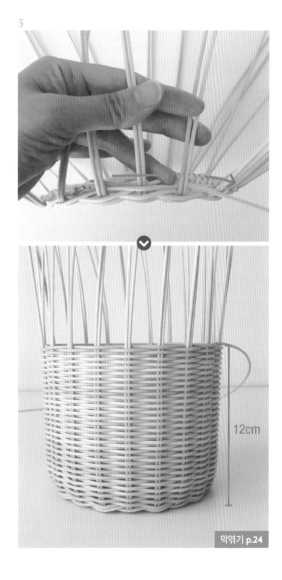

12cm

막엮기 p.24

6

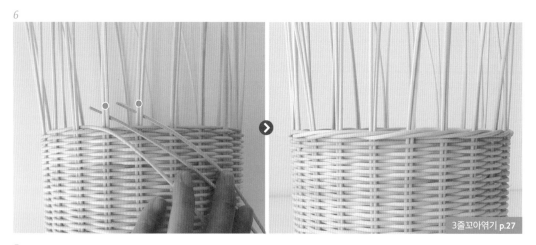

3줄꼬아엮기 **p.27**

7

6 ● 표시한 날대 뒤에 여분의 사릿대를 2줄 추가해 3줄꼬아엮기를 1바퀴 진행한다.

7 각 날대를 1줄씩 자른다.

8 젖혀마무리를 진행한 뒤 날대를 적당한 길이로 잘라 바구니를 완성한다.

8

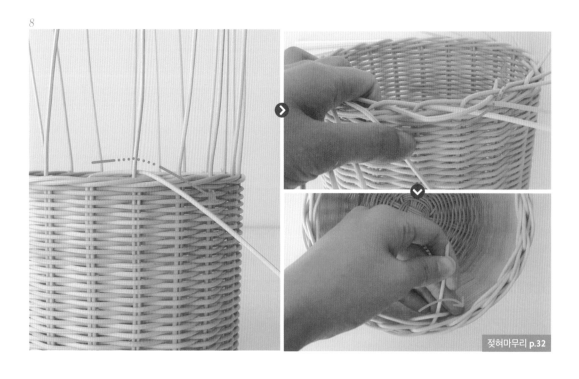

젖혀마무리 **p.32**

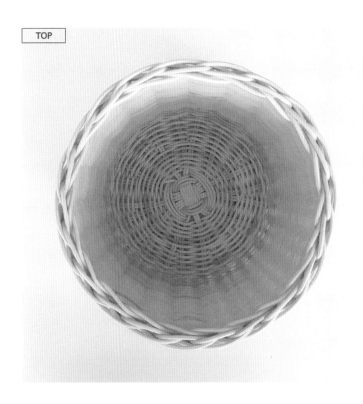

>> 뚜껑 만들기가 이어집니다.

덮개뚜껑

재료와 도구	활용 짜임

날대
환심 (2.5mm, 길이 65cm) 11개

덧날대
환심 (2.5mm, 길이 30cm) 20개

사릿대
환심 (2.5mm) 여분

줄자
송곳
가위
분무기

바닥
十자엮기
몸통
막엮기, 2줄꼬아엮기
마무리
젖혀마무리

고리뚜껑

재료와 도구	활용 짜임

날대
환심 (2.5mm, 길이 50cm) 11개

덧날대
환심 (2.5mm, 길이 20cm) 20개

사릿대
환심 (2.5mm) 여분

줄자
송곳
가위
분무기

바닥
十자엮기
몸통
막엮기, 3줄꼬아엮기
마무리
젖혀마무리

1

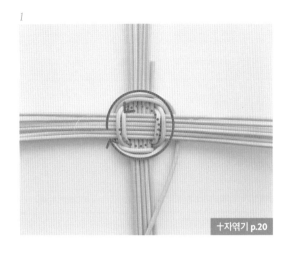

＋자엮기 p.20

1   가로 6줄, 세로 5줄의 날대로 ＋자엮기를 한
    다. (시계 반대 방향 2바퀴, 시계 방향 2바퀴)

2   날대 2줄씩 한 묶음이 되도록 나눠가며 지름
    이 9cm가 될 때까지 막엮기를 진행한다.

3   ●표시한 날대를 제외하고 나머지 날대 양
    옆에 덧날대를 하나씩 끼운 뒤 날대가 2줄씩
    한 묶음이 되도록 나눠가며 막엮기한다. 바
    닥의 지름이 16cm가 되면 마무리한다.

    *Tip 뚜껑의 크기가 바구니보다 커야 완전
    히 덮을 수 있으므로 바구니와 크기를 비
    교해가며 짠다.*

2

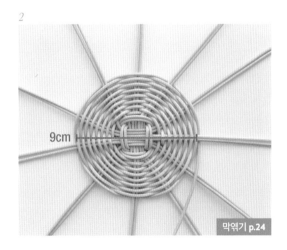

9cm

막엮기 p.24

3

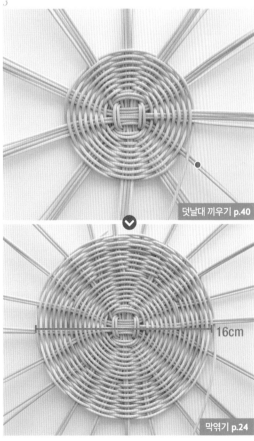

덧날대 끼우기 p.40

16cm

막엮기 p.24

4

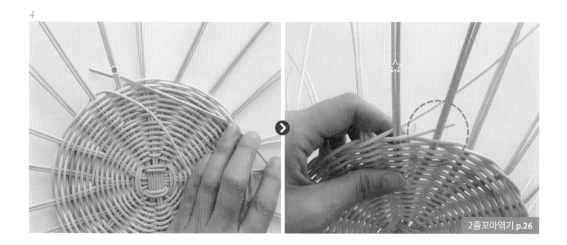

2줄꼬아엮기 p.26

4 ●표시한 날대 뒤에 여분의 사릿대 1줄을 추가해 2줄꼬아엮기로 1바퀴 감은 뒤 사릿대
   가 시작날대(★)와 만나면 아래에 위치한 사릿대를 날대 뒤에서 자른다.

5 뚜껑의 몸통을 만들기 위해 날대를 90도로 꺾어주며 높이가 3cm가 될 때까지 막엮기
   를 진행한 뒤 각 날대를 1줄씩 자른다.

5

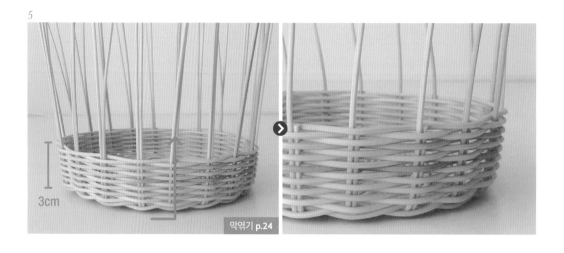

3cm

막엮기 p.24

6

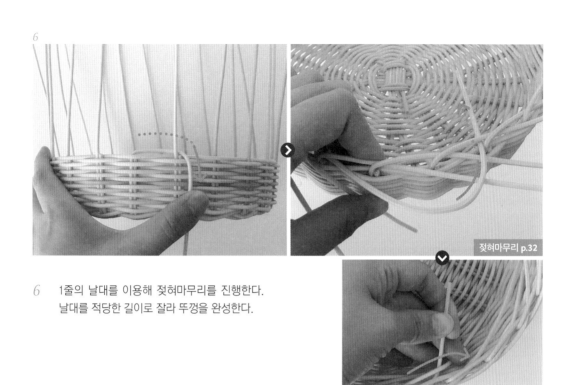

젖혀마무리 p.32

6 1줄의 날대를 이용해 젖혀마무리를 진행한다.
   날대를 적당한 길이로 잘라 뚜껑을 완성한다.

SIDE

1

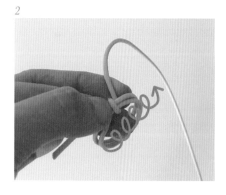

2

1 준비한 환심을 2바퀴 감아 지름 3cm 크기의 작은 원을 만든다.

2 길게 뻗어 있는 환심으로 만들어 둔 고리의 윗부분을 촘촘하게 감아 반원 모양의 고리를 만든다.

3 고리를 감았던 환심의 끝을 마지막 매듭 사이에 끼우고 최대한 당겨 고정한 뒤 적당한 길이로 잘라 고리를 완성한다.

3

3cm

4 6줄 묶음의 가로 날대에 고리의 평평한 부분이 맞닿도록 끼우고 5줄 묶음의 세로 날대와 함께 ＋자엮기해 바닥을 만든다. (시계 반대 방향 2바퀴, 시계 방향 2바퀴) 날대를 2줄씩 한 묶음이 되도록 나눠가며 지름이 10cm가 될 때까지 막엮기를 진행한다.

5 ●표시한 날대를 제외한 나머지 날대 양옆에 덧날대를 하나씩 끼운 뒤 날대 2줄씩 한 묶음이 되도록 나눠가며 지름이 15cm가 될 때까지 막엮기한다.

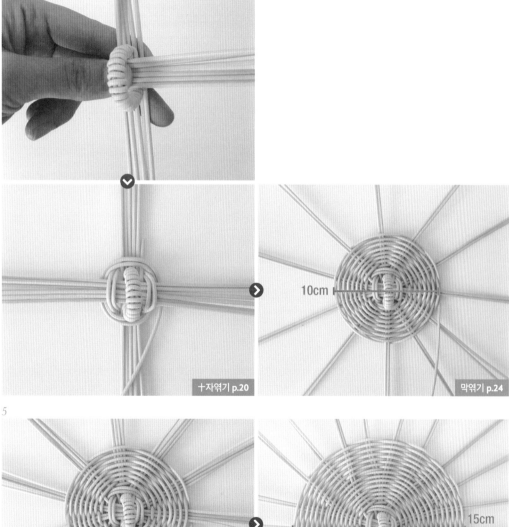

＋자엮기 p.20

10cm

막엮기 p.24

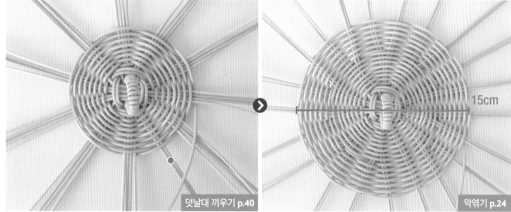

덧날대 끼우기 p.40

15cm

막엮기 p.24

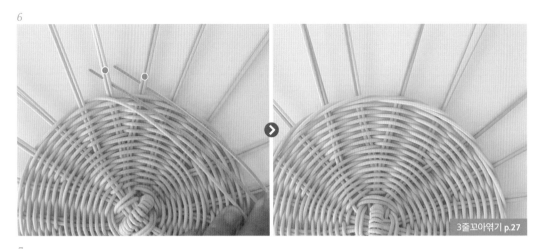

6

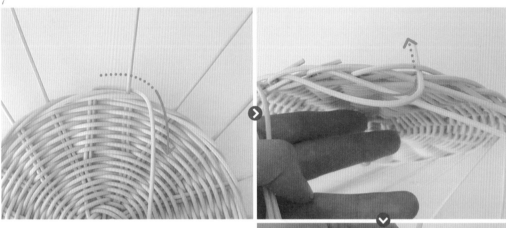

7

3줄꼬아엮기 p.27

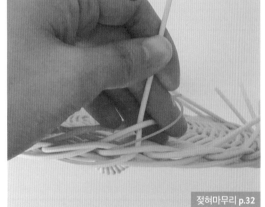

젖혀마무리 p.32

6 ● 표시한 날대 뒤에 여분의 사릿대를
   2줄 추가해 3줄꼬아엮기로 1바퀴 감아
   바닥을 단단히 고정한다.

7 각 날대를 1줄씩 자른 뒤 젖혀마무리
   를 진행한다. 날대를 적당한 길이로 잘
   라 고리뚜껑을 완성한다.

CLASS 7

투톤 빨래바구니 (지름 27cm, 높이 30cm)

색이 다른 등나무로 포인트를 넣은 대형 바구니로
손잡이를 달아 이동이 편리하며 내구성이 뛰어나다.
실용성과 디자인을 고루 갖춘 아이템으로 평범한 일상을 특별하게 만들어준다.

바구니

재료와 도구	활용 짜임
날대 환심 (지름 2.5mm, 길이 120cm) 16줄	**바닥** 井자엮기
덧날대 환심 (지름 2.5mm, 길이 52cm) 32줄	**몸통** 막엮기, 따라엮기, 3줄꼬아엮기
사릿대 환심 (지름 2.5mm) 여분	**마무리** 감아마무리
포인트용 사릿대 갈색 환심 (지름 2.5mm) 여분	**응용** 손잡이 만들기
줄자 송곳 가위 분무기	

Tip 염색이 된 재료를 사용할 때에는 기존의 라탄에 이염될 수 있으므로 최대한 작품의 물기를 제거한 후 사용한다. 염색된 사릿대는 가능한 물에 담그지 않고 사용하며 다른 재료와 함께 물에 담가두지 않는다.

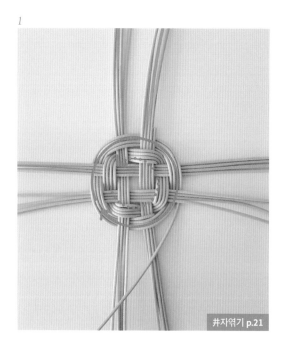

1

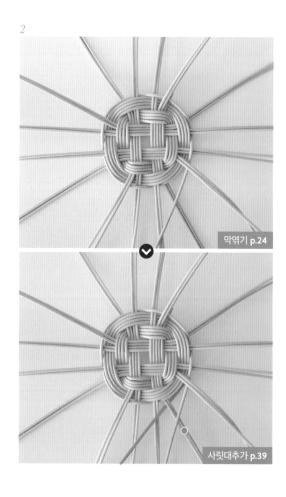

#자엮기 p.21

막엮기 p.24

사릿대추가 p.39

1 날대를 4줄씩 4등분해 #자엮기로 바
닥을 만든다. (시계 반대 방향 4바퀴,
시계 방향 4바퀴)

2 날대가 2줄씩 한 묶음이 되도록 나눠
가며 막엮기로 1바퀴 감은 뒤 ●표시
한 날대 뒤에 여분의 사릿대를 1줄 추
가한다.

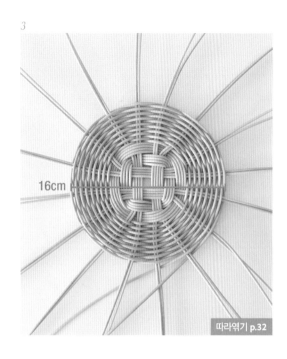

3

따라엮기 p.32

3   지름이 16cm가 될 때까지 따라엮기한다.

4   날대 양옆에 덧날대(●)를 하나씩 추가한다. 각 날대의 개수는 4줄이 된다. 날대
      2줄씩 한 묶음이 되도록 나눠가며 지름이 26cm가 될 때까지 따라엮기한다.

4

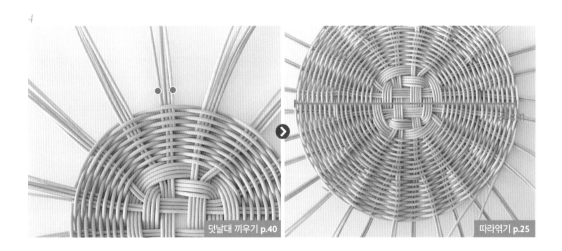

덧날대 끼우기 p.40

따라엮기 p.25

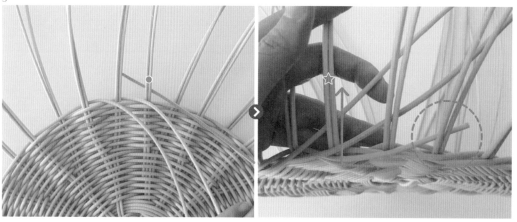

5 ●표시한 날대 뒤에 여분의 사릿대를 1줄 추가한 뒤 날대를 90도로 꺾으며 3줄꼬아엮기로 1바퀴
감는다. 사릿대가 시작날대(★)와 만나면 가장 아래에 위치한 사릿대를 날대 뒤에서 자른다.

6 중간에 위치한 사릿대를 시작으로 따라엮기를 이어간다. 이때 바구니 모양이 흐트러지지 않도록
날대를 잡아주며 높이가 5cm가 될 때까지 진행한다.

5cm

3줄꼬아엮기 p.27

따라엮기 p.25

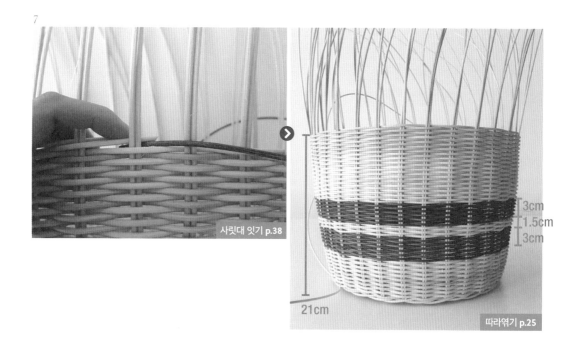

7   포인트용 사릿대로 사릿대 잇기를 한 뒤 3cm 높이가 될 때까지 따라엮기한다. 기존의
     사릿대로 교체해 사릿대 잇기를 한 뒤 1.5cm 높이까지 따라엮기하고, 다시 포인트용
     사릿대로 교체해 앞 과정을 반복한다. 다시 기존의 사릿대를 이어 바구니 전체 높이가
     21cm가 될 때까지 따라엮기해 몸통을 완성한다.

8   ●표시한 날대 뒤에 여분의 사릿대를 1줄 추가한 뒤 3줄꼬아엮기로 1바퀴 감는다. 사릿
     대를 날대 뒤에서 적당한 길이로 자른다.

감아마무리 **34p**

9 감아마무리를 진행한다. 마무리 짜기
가 모두 끝나면 끼워 넣은 날대가 빠
지지 않을 정도의 길이로 잘라 바구니
를 완성한다.

>> 손잡이 만들기가 이어집니다.

손잡이

날대
환심 (지름 5mm, 길이 25cm) 2개

사릿대
환심 (지름 2mm) 여분

줄자, 송곳, 가위, 분무기

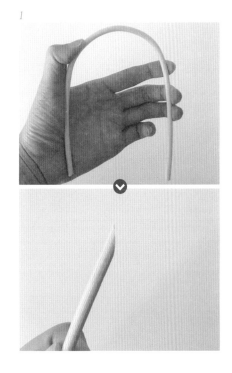

1 손잡이용 날대를 25cm 길이로 잘라 준비한
   다. 날대의 끝부분은 사선으로 자른다.

2 손잡이가 위치할 곳에 송곳을 꽂아 날대가
   들어갈 공간을 확보한 뒤 날대를 2~3cm 깊
   이로 깊게 끼워 넣는다.

3 사릿대를 바깥에서 안쪽 방향으로 30cm 정
   도 끼워 넣는다.

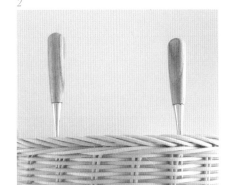

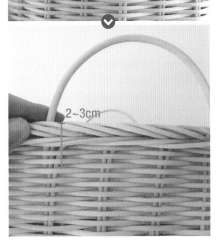

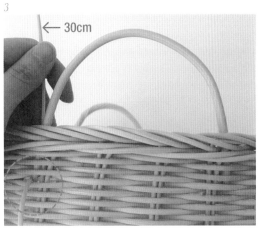

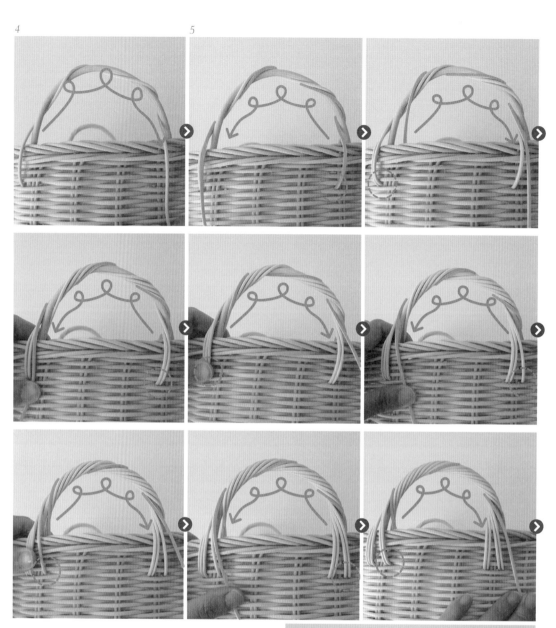

4   바구니 바깥쪽으로 나와 있는 사릿대로 날
    대를 안쪽에서부터 4바퀴 감는다.

5   사릿대를 사진에 표시된 위치에 맞춰 바깥
    에서 안쪽 방향으로 끼워 넣은 뒤 반대 방향
    으로 4바퀴 감는다. 동일한 방식으로 사진에
    표시한 위치와 순서에 따라 사릿대를 끼워
    넣으며 오른쪽, 왼쪽으로 10회 왕복해 감아
    손잡이를 완성한다.

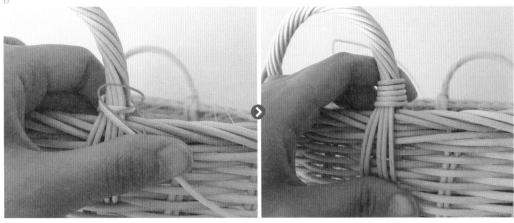

6   손잡이를 감은 뒤 길게 남은 사릿대로 손잡이 밑 부분을 안에서 바깥으로 5바퀴 감는다.

7   남은 사릿대를 매듭 사이에 끼워 넣어 고정한 뒤 적당한 길이로 잘라 정리한다. 손잡이 반대쪽은 처음 남겨두었던 30cm 사릿대 여분으로 감아 마무리한다. 반대편도 같은 방법으로 손잡이를 달아 완성한다.

    Tip 사릿대를 매듭 안에 넣기 어렵다면 송곳을 사용해 공간을 확보한다.

3

Rattan
Decoration

생활 소품

CLASS 1

무늬 컵홀더 (지름 8cm, 높이 10cm)

바닥이 있고 중간 짜임이 비어 있어 안정적이면서도
시원한 느낌을 주는 실용적인 컵홀더다.
투명한 유리컵과 함께 사용하면 청량한 느낌이 더해진다.

재료와 도구

날대
환심 (지름 2mm, 길이 55cm) 11줄

사릿대
환심 (지름 2mm) 여분

유리컵 (지름 6cm, 높이 15cm)

줄자
송곳
가위
분무기

활용 짜임

바닥
十자엮기

몸통
막엮기, 2줄꼬아엮기

마무리
젖혀마무리

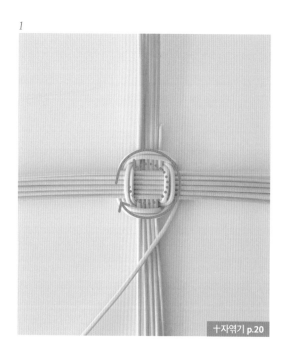

+자엮기 p.20

1   세로 5줄, 가로 6줄의 날대를 이용해 +자엮기로
    바닥을 만든다. (시계 반대 방향 2바퀴, 시계 방
    향 2바퀴)

2   날대 2줄이 한 묶음이 되도록 나눠가며 막엮기로
    1바퀴 감는다. 바닥의 지름이 6cm가 될 때까지
    진행한다.

    *Tip 컵홀더 바닥이 준비한 유리컵의 지름보다
    넓어야 컵을 끼고 빼기 쉬우니 크기를 비교해
    가며 엮어나간다.*

3   컵의 모양에 맞춰 날대를 90도로 꺾으며 몸통의
    높이가 3cm가 될 때까지 막엮기한다.

    *Tip 몸통을 짜 올릴 때 컵을 끼운 상태로 진행
    해야 모양을 잡기 수월하다.*

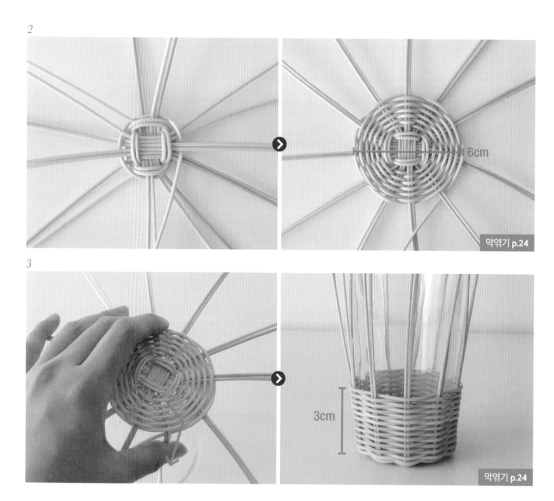

6cm

막엮기 p.24

3cm

막엮기 p.24

4

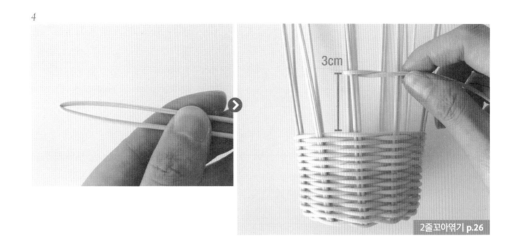

3cm

2줄꼬아엮기 p.26

5

4 여분의 사릿대를 반으로 접어 중심을 잡은
   뒤 아래 몸통에서 3cm 높이에서 2줄꼬아엮
   기로 1바퀴 감는다.

5 사릿대가 시작날대(★)와 만나면 사릿대 1줄
   을 자르고 2줄꼬아엮기의 첫 번째 꼬임 사이
   에 끼워 정리한다.

6

6 남은 1줄의 사릿대로 높이 3cm가 될 때까지 막엮기
를 이어간 뒤 각 날대를 1줄씩 자른다.

7 젖혀마무리를 진행한 뒤 날대를 적당한 길이로 잘라
정리해 컵홀더를 완성한다.

3cm

막엮기 p.24

7

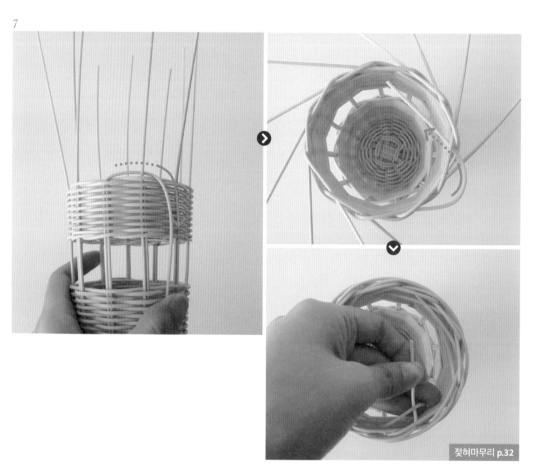

젖혀마무리 p.32

CLASS 2

평심 컵홀더 (높이 7cm)

바닥이 없는 원통 모양의 컵홀더다.
평심을 활용한 새로운 마무리 방법으로
환심과는 다른 색다른 라탄 소품을 만들 수 있다.

재료와 도구

날대
평심 (지름 5mm, 길이 15cm) 12줄

사릿대
환심 (지름 2mm) 여분

마무리
평심 (지름 5mm, 길이 30cm) 2줄
피등 (지름 2mm, 길이 50cm) 2줄
*피등이 없을 때는 평심을 얇게 잘라 사용한다.

유리컵 (지름 6cm, 높이 15cm)

집게 2개

줄자
송곳
가위
분무기

활용 짜임

몸통
2줄꼬아엮기, 막엮기

마무리
피등감아마무리

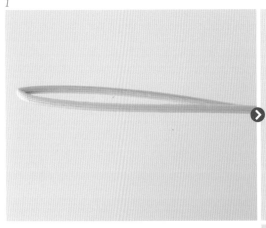

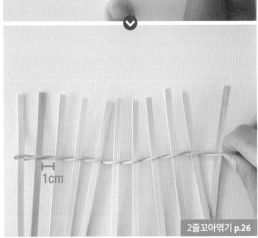

1 사릿대를 반으로 접어 중심을 잡은 뒤 12줄의 평심을 1cm 간격으로 끼워 넣으며 2줄꼬아엮기를 한다.

   Tip 컵의 크기에 따라 평심의 개수를 조절한다.

2 높이가 6cm가 될 때까지 컵 모양에 따라 따라엮기한다. 사릿대를 날대 뒤에 걸친 뒤 적당한 길이로 잘라 정리한다.

2줄꼬아엮기 **p.26**

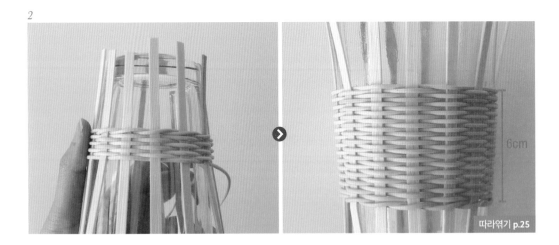

따라엮기 **p.25**

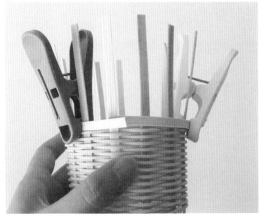

3   몸통 윗부분을 따라 평심을 둘러준 뒤 집게로 고정한다.

4   평심을 고정할 피등을 끼운다. 여분 3cm를 한손으로 고정하고 안쪽에서 바깥쪽으로 뺀다.

5   피등으로 평심과 날대 앞을 사선으로 돌려 감은 뒤 날대 뒤를 감아 안에서 밖으로 뺀다. 이 방법을 반복해 엮어나간다.

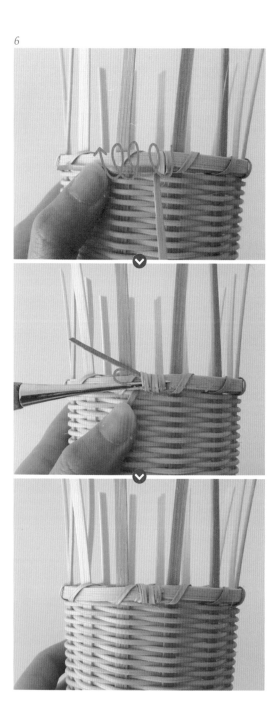

6 남겨둔 여분의 피등을 포함해 평심을 여러 번 감아 짜임을 단단히 고정한다. 길게 남은 피등은 감은 피등 사이에 끼워 넣은 뒤 짧게 잘라 마무리한다. 반대쪽도 동일하게 마무리엮기를 진행하고 날대를 적당한 길이로 잘라 컵홀더를 완성한다.

CLASS 3

화병 (지름 7cm, 높이 14cm)

책상이나 식탁 위에 올려두는 것만으로 멋스러운 공간 오브제가 되어준다.
삭막했던 집안 분위기를 소박한 꽃과 함께 어우러진 라탄 화병으로
따뜻하게 변화시킬 수 있다.

재료와 도구

날대
환심 (지름 2mm, 길이 42cm) 11줄

사릿대
환심 (지름 2mm) 여분

유리컵 (지름 7cm, 높이 14cm)

줄자
송곳
가위
분무기

활용 짜임

바닥
十자엮기

몸통
막엮기

마무리
끼워마무리

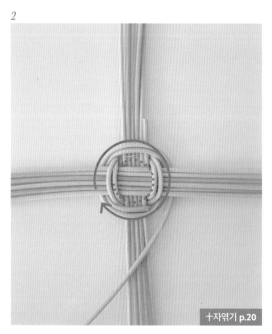

+자엮기 p.20

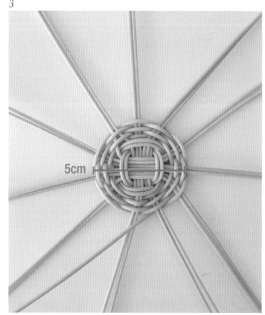

5cm

1   지름 7cm, 높이 14cm 크기의 화병을 준비한다.

2   가로 6줄, 세로 5줄의 날대로 +자엮기를 해 바닥을 만든다. (시계 반대 방향 2바퀴, 시계 방향 2바퀴)

3   날대 2줄이 한 묶음이 되도록 나눠가며 바닥의 지름이 5cm가 될 때까지 막엮기를 한다.

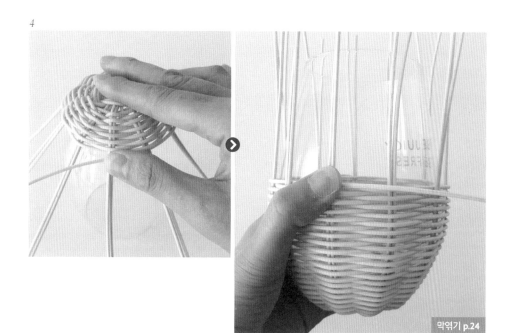

막엮기 p.24

4   완성된 바닥을 화병에 대고 화병의 모양에 맞춰 막엮기를 이어간다.
      화병과 라탄 사이 빈 공간이 생기지 않도록 최대한 밀착해 엮는다.

5   날대를 오른쪽으로 꺾어 옆 날대의 왼쪽에 바짝 붙여 끼워 넣는다.
      과정을 반복해 화병을 완성한다.

      Tip 끼워 넣은 날대의 길이가 일정할 수 있도록 날대를 1줄씩 잘
      라가며 끼워 넣는다.

끼워마무리

CLASS 4

파우치 토트백 (지름 15cm, 높이 20cm)

사각 파우치를 활용한 발랄한 느낌의 토트백이다.
자신의 취향에 맞는 다양한 색감과 패턴의 파우치를 사용하면
더욱 특별한 나만의 가방을 만들 수 있다.

재료와 도구

날대
환심 (지름 2.5mm, 길이 85cm) 11줄

덧날대
환심 (지름 2.5mm, 길이 40cm) 20줄

사릿대
환심 (지름 2.5mm) 여분

사각 파우치 (가로 24cm, 세로 30cm)

가죽 끈 (길이 65cm)
실 (갈색)
바늘

줄자
송곳
가위
분무기

활용 짜임

바닥
十자엮기

몸통
막엮기, 3줄꼬아엮기

마무리
젖혀마무리

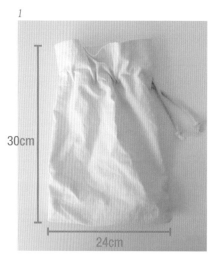

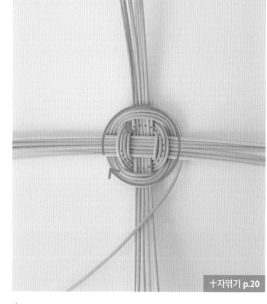

十자엮기 p.20

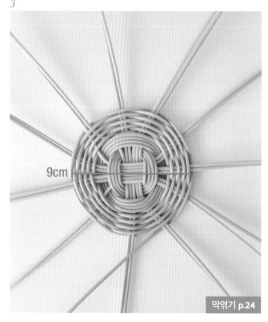

9cm

막엮기 p.24

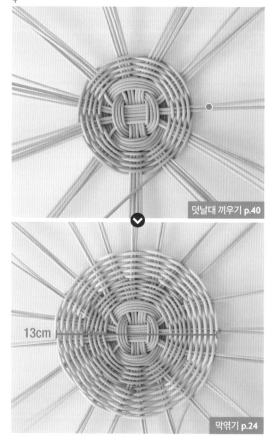

덧날대 끼우기 p.40

13cm

막엮기 p.24

1   가로 24cm, 세로 30cm의 사각 파우치를 준비한다.

2   가로 6줄, 세로 5줄의 날대로 十자엮기를 해 바닥을
만든다. (시계 반대 방향 4바퀴, 시계 방향 4바퀴)

3   날대 2줄씩 한 묶음이 되도록 나눠가며 지름이 9cm
가 될 때까지 막엮기한다.

4   ●표시한 날대를 제외하고 날대 양옆에 덧날대를
하나씩 끼운다. 각 날대의 개수는 4줄이 된다. 날
대 2줄씩 한 묶음이 되도록 나눠가며 바닥의 지름이
13cm가 될 때까지 막엮기한다.

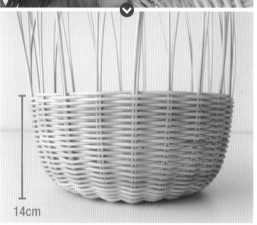

14cm

3줄꼬아엮기 p.32

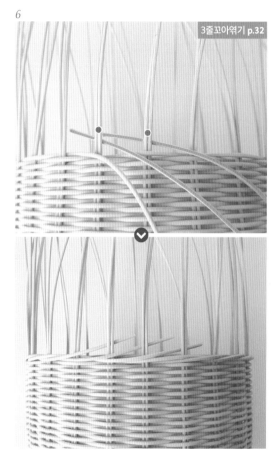

5 날대를 꺾어 모양을 잡아가며 막엮기를 이어가 가방의 옆면을 세운다.
　　높이가 14cm 될 때까지 짜임을 이어간다.

　　Tip 원하는 가방의 모양을 생각하며 날대를 꺾어준다.

6 ●표시한 날대 뒤에 여분의 사릿대를 2줄 추가해 3줄꼬아엮기로 1바퀴
　　감는다. 사릿대를 날대 뒤로 넘기고 적당한 길이로 잘라 정리한다.

7

젖혀마무리 p.32

7   각 날대를 1줄씩 자르고 젖혀마무리를 한다.

8

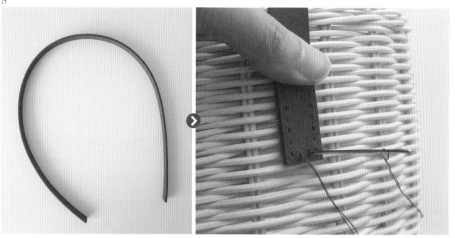

8   완성된 가방 옆면에 준비해두었던 가죽 끈을 바느질로 단단히 고정한다.
     사각 파우치를 가방 안에 넣고 모양을 잡아 가방을 완성한다.

SIDE

CLASS 5

에코 라탄백 (가로 28cm, 세로 11cm, 높이 36cm)

평범한 에코백을 활용해 시원하고 감각적인 라탄백을 만들 수 있다.
가방의 크기도 넉넉해 파우치나 선글라스 등을 넣어 데일리백으로 활용하기에 좋다.

재료와 도구

날대
가로: 환심 (지름 2mm, 길이 85cm) 6줄
세로: 환심 (지름 2mm, 길이 75cm) 14줄

덧날대
환심 (지름 2mm, 길이 35cm) 16줄

사릿대
환심 (지름 2mm) 여분

사각 에코백 (가로 34cm, 세로 34cm)
실 (검은색)
바늘

줄자
송곳
가위
분무기

활용 짜임

바닥
자리엮기

몸통
따라엮기, 3줄꼬아엮기

마무리
엮어마무리

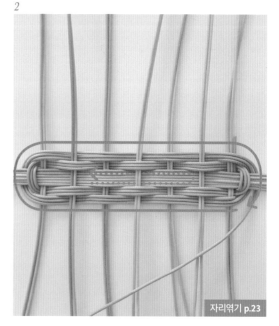

자리엮기 p.23

1   준비한 에코백을 원하는 길이만큼 남기고 바닥을 잘라낸다.
    Tip 바구니와 연결하기 위한 여유분 2cm를 남겨둔다.
    Tip 자른 마감면의 올이 풀릴 수 있으니 끝을 접어 바느질하거나 다리미로 누른다.

2   2줄씩 7등분한 세로 날대와 6줄의 가로 날대로 자리엮기를 해 바닥을 만든다. (시계 반대
    방향 3바퀴, 시계 방향 3바퀴)
    Tip 준비한 에코백 사이즈에 맞게 날대의 개수를 조절한다.

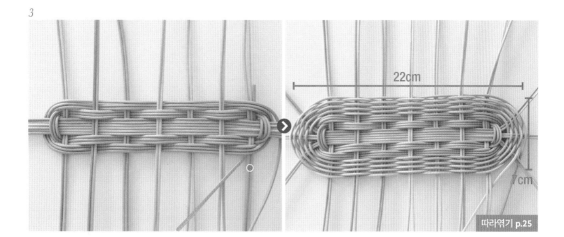

3 ● 표시한 날대 뒤에 여분의 사릿대를 1줄 추가한 뒤 바닥의 지름이 가로 22cm, 세로 7cm가 될 때까지 따라엮기한다.

4 ● 표시한 날대 양옆에 덧날대를 하나씩 추가한 뒤 날대 2줄씩 한 묶음이 되도록 나눠가며 바닥의 지름이 가로 26cm, 세로 11cm가 될 때까지 따라엮기한다.

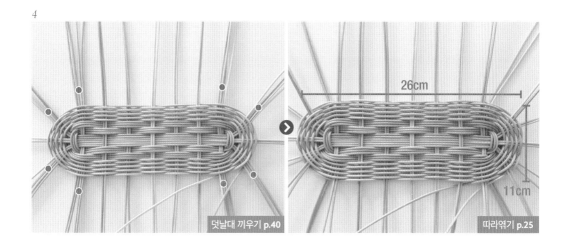

3줄꼬아엮기 p.27

5 ●표시한 날대 뒤에 여분의 사릿대를 1줄 추가한 뒤 날대를 90도로 꺾어가며 3줄꼬아엮기로
   1바퀴 감는다.

6 사릿대가 시작날대(★)와 만나면 가장 아래에 위치한 사릿대를 날대 뒤에서 자른 뒤 중간에
   위치한 사릿대를 시작으로 몸통의 높이가 12cm가 될 때까지 따라엮기한다.

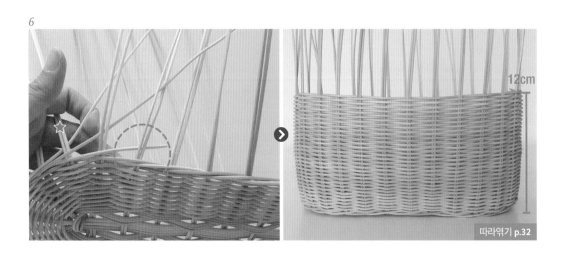

12cm

따라엮기 p.32

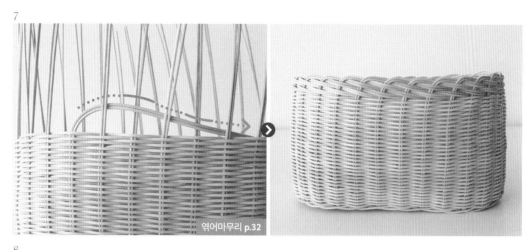

엮어마무리 **p.32**

7　6줄의 날대를 한 묶음으로 삼고 엮어마무리를 한다. (하상하상하)

8　준비해 두었던 에코백을 마무리 부분까지 덮고 검은색 실로 감침질해 바구니와 단단히 이어준다.
　　Tip 바느질이 어렵다면 마무리 겉면에 강력접착제를 발라 연결할 수 있다.

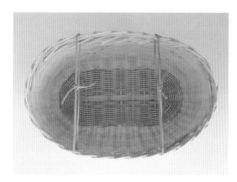

Tip 바구니가 너무 넓게 벌어
진다면 에코백을 연결하기 전
바구니 양옆을 끈으로 묶어
모양을 잡아준다.

CLASS 6

삼각전등갓 <small>(지름 22cm, 높이 20cm)</small>

집안의 포인트가 되어줄 삼각형 모양의 전등갓이다.
어느 공간에서건 독특한 존재감을 뽐내
훌륭한 인테리어 소품으로 활용할 수 있다.

재료와 도구

날대
환심 (지름 2mm, 길이 70cm) 8줄

덧날대
환심 (지름 2mm, 길이 25cm) 32줄

사릿대
환심 (지름 2mm) 여분
피등 (지름 2mm, 길이 50cm) 여분
•피등이 없을 때는 평심을 얇게 잘라 사용한다.

원형 전구 (지름 5cm, 높이 16cm)

송곳
가위
줄자
분무기

활용 짜임

바닥
심어짜기

몸통
따라엮기, 3줄꼬아엮기

마무리
피등감아마무리

응용
엮어마무리

1

2

3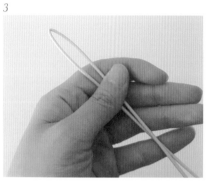

4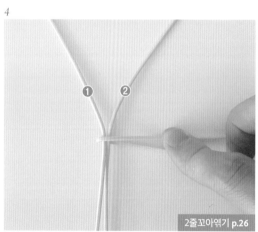

2줄꼬아엮기 p.26

5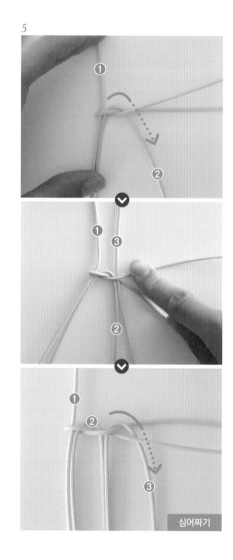
심어짜기

1 지름 5cm, 높이 16cm의 원형 전구를 준비한다.

2 날대를 반으로 접어 중심을 잡아 준비한다.

3 사릿대도 반으로 접어 중심을 잡는다.

4 반으로 접은 사릿대 사이에 1번, 2번 날대를 중심에 맞춰 끼우고 2줄꼬아엮기를 한 번 진행한다.

5 2번 날대를 아래로 꺾는다. 3번 날대를 중심에 맞춰 끼워 넣은 뒤 2줄꼬아엮기를 한 번 한다. 날대를 추가하며 동일한 작업을 반복해 진행한다.

   Tip 이러한 짜임방식을 심어짜기라고 한다.

140

6   **4**번 과정을 9회 반복해 지름 2cm의 원을 만든다.
    마지막 날대는 새로운 날대 추가 없이 처음 날대와
    함께 접어 2줄꼬아엮기를 한다.

7   바닥의 지름이 5cm가 될 때까지 따라엮기를 한다.

8   날대를 90도로 꺾으며 높이가 8cm가 될 때까지 따
    라엮기를 한다.

2cm

2줄꼬아엮기 p.26

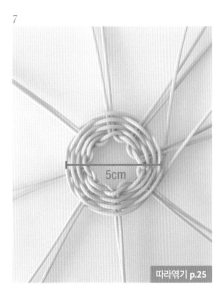

5cm

따라엮기 p.25

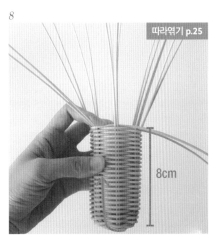

따라엮기 p.25

8cm

9

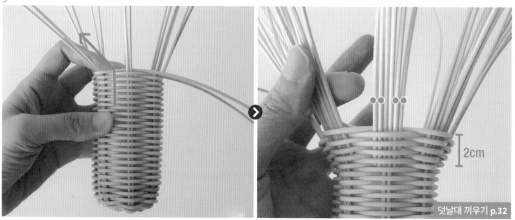

2cm

덧날대 끼우기 **p.32**

10

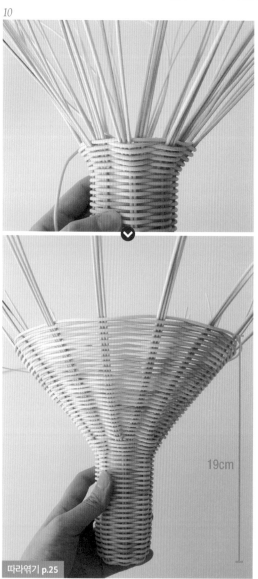

19cm

따라엮기 **p.25**

9 날대를 바깥으로 꺾어 모양을 잡으며 2cm 더 따라엮기를 이어간 뒤 날대의 양옆에 덧날대 (●)를 2줄씩 추가한다. 각 날대의 개수는 6줄 이 된다.

10 날대 3줄씩 한묶음이 되도록 나눠가며 전체 높이가 19cm가 될 때까지 따라엮기 한다.

11 ●표시한 날대 뒤에 여분의 사릿대를 1줄 추가해 3줄꼬아엮기로 1바퀴 감아준 뒤 사릿대를 날대 뒤에서 잘라 정리한다.

12 마무리를 고정하기 위해 피등을 끼운다. 여분 3cm를 한손으로 고정하고 피등을 안쪽에서 바깥쪽으로 빼낸 뒤 날대 앞을 사선으로 돌려 감는다.

13

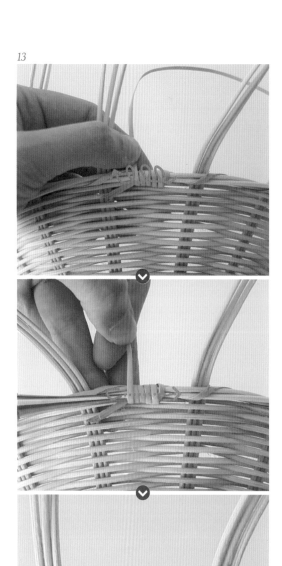

13 남겨둔 여분의 피등을 포함해 3줄꼬
아엮기한 부분을 여러 번 감아 짜임
을 단단하게 고정한다. 길게 남은 피
등은 감은 피등 사이에 껴 넣은 뒤
짧게 잘라 마무리한다.

14 날대를 짧게 잘라 정리해 삼각전등
갓을 완성한다.

14

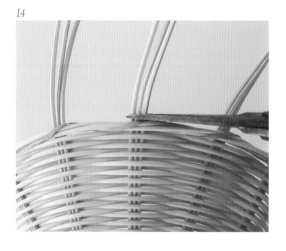

TOP

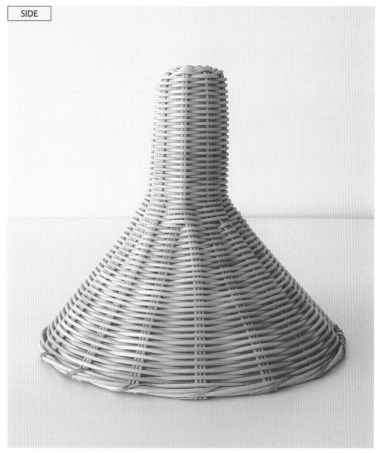

SIDE

>> 삼각전등갓 마무리 응용법이 이어집니다.

1

1   3줄꼬아엮기(p.143 *11*번 과정)를 끝낸 상태에서 이어간다. 3개의 날대를 한 그룹으로 삼고 엮어마무리를 진행
     한다. (상하) 날대가 빠지지 않을 정도의 적당한 길이로 잘라 완성한다.

SIDE

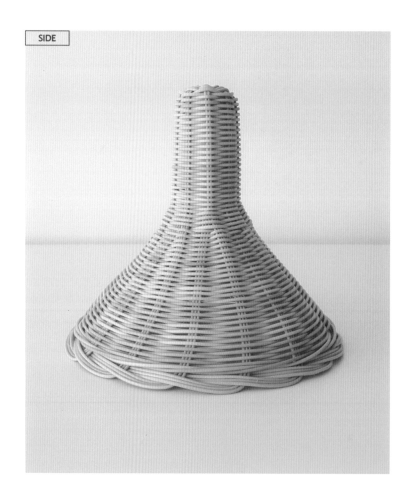

CLASS 7

원형전등갓 (지름 50cm, 높이 45cm)

지름이 50cm에 이르는 커다란 전등갓으로 전등의 은은한 빛은 물론
자연광과도 어울리는 작품이다.
심플한 짜임으로 구성돼 있지만 라탄 특유의 따뜻한 분위기를 강하게 느낄 수 있다.

재료와 도구

날대
환심 (지름 2.5mm, 길이 165cm) 16줄

덧날대
환심 (지름 2.5mm, 길이 72cm) 32줄

사릿대
환심 (지름 2.5mm) 여분

원형 전구 (지름 5cm, 높이 16cm)

줄자
송곳
가위
분무기

활용 짜임

바닥
井자엮기

몸통
막엮기, 따라엮기, 3줄꼬아엮기

마무리
젖혀마무리

1 지름 5cm, 높이 16cm의 원형 전구를 준비한다.
2 날대를 4줄씩 4등분 해 井자엮기로 바닥을 만든다. (시계 반대 방향 2바퀴, 시계 방향 2바퀴)
   Tip 바닥 중앙에 전선이 들어갈 여유 공간을 남겨둔다.
3 날대 2줄씩 한 묶음이 되도록 나눠가며 막엮기로 1바퀴 감는다.

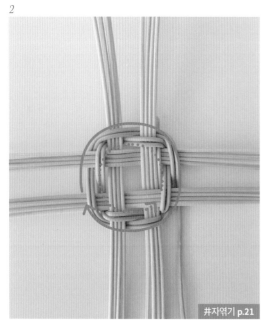

井자엮기 p.21

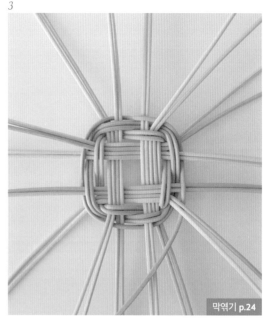

막엮기 p.24

4

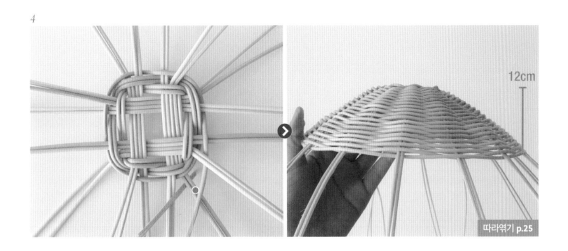

따라엮기 p.25

5

덧날대 끼우기 p.40

6

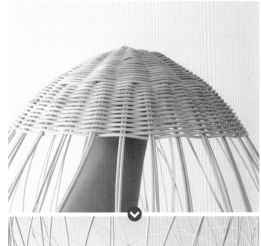

44cm

따라엮기 p.25

4   ●표시한 날대 뒤에 여분의 사릿대를 1줄 추
가한 뒤 자연스러운 둥근 모양이 되도록 날대
모양을 잡으며 따라엮기를 12cm 될 때까지 진
행한다.

5   날대 양옆에 덧날대(●)를 하나씩 추가한다.
각 날대의 개수는 4줄이 된다.

6   날대 2줄씩 한 묶음이 되도록 나눠가며 전등
갓의 높이가 44cm 될 때까지 따라엮기한다.

7

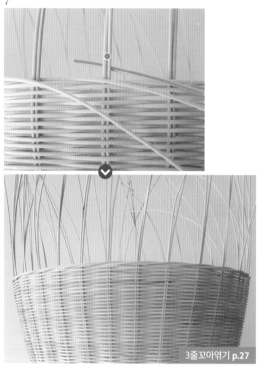

3줄꼬아엮기 p.27

8

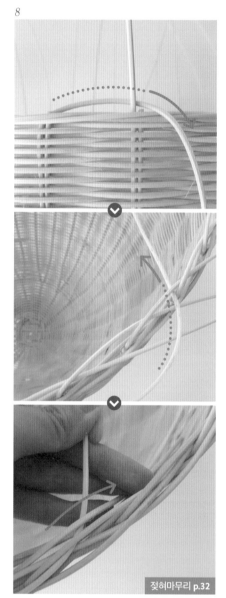

젖혀마무리 p.32

7 ●표시한 날대 뒤에 여분의 사릿대를 1줄
추가한 뒤 3줄꼬아엮기로 1바퀴 감는다.
사릿대를 날대 뒤에서 적당한 길이로 잘라
정리한다.

8 각 날대를 1줄씩 자른 뒤 젖혀마무리를 진
행해 완성한다.

CLASS 8

원형거울 (지름 26cm)

멋스러움과 편안함을 동시에 느낄 수 있는 라탄 거울이다.
기본적인 짜임을 혼용해 자연스러운 멋을 더했다.

재료와 도구

날대
환심 (지름 2.5mm, 길이 60cm) 16줄

덧날대
환심 (지름 2.5mm, 길이 25cm) 32줄

사릿대
환심 (지름 2.5mm) 여분

거울 (지름 25cm)

줄자
송곳
가위
분무기

활용 짜임

바닥
米자엮기

몸통
막엮기, 따라엮기, 2줄꼬아엮기,
3줄꼬아엮기

마무리
엮어마무리

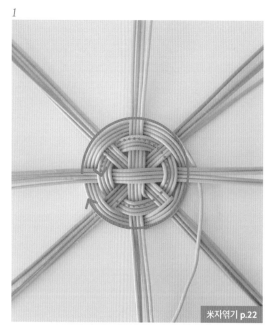

米자엮기 p.22

막엮기 p.24

13cm

따라엮기 p.25

1　날대를 4줄씩 4등분 해 米자엮기로 바닥을 만든
　　다. (시계 반대 방향 4바퀴, 시계 방향 4바퀴)

2　날대 2줄씩 한 묶음이 되도록 나눠가며 막엮기
　　로 1바퀴 감는다.

3　● 표시한 날대 뒤에 여분의 사릿대를 1줄 추가
　　한 뒤 지름이 13cm가 될 때까지 따라엮기한다.

4   날대 양옆에 덧날대(●)를 끼운다. 각 날대의 개
      수는 4줄이 된다.

5   ●표시한 날대 뒤에 여분의 사릿대를 1줄 추가
      해 3줄꼬아엮기로 1바퀴 감은 뒤 사릿대를 날대
      뒤로 넘겨 자른다. 바닥을 뒤집어 자른 사릿대
      를 짜임 사이사이에 끼워 넣어 고정한다.

6   여분의 사릿대를 반으로 접어 중심을 잡은 뒤
      바닥에서 2cm 높이에서 날대를 2개씩 나눠가
      며 2줄꼬아엮기로 1바퀴 감는다.

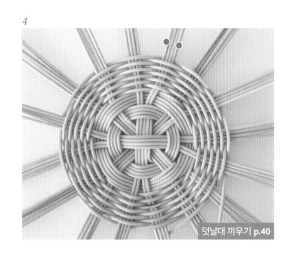

4

덧날대 끼우기 **p.40**

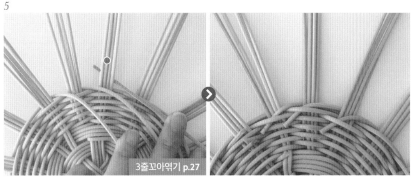

5

3줄꼬아엮기 **p.27**

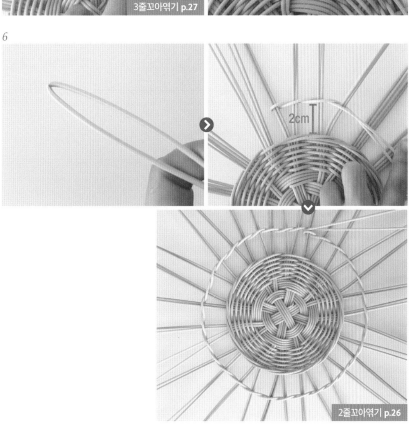

6

2cm

2줄꼬아엮기 **p.26**

7

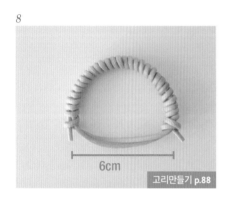

T 25cm

따라엮기 p.25

8

6cm

고리만들기 p.88

7 2줄꼬아엮기가 끝나면 바닥의 지름이 거울의 크기가 될 때까지 따라엮기로 이어간다.

8 거울을 걸기 위한 지름 6cm의 고리를 준비한다.

9 준비해둔 고리를 날대에 끼운 뒤 날대를 거울 방향으로 완전히 꺾어가며 따라엮기를 5cm 이어간다.

Tip 날대를 완전히 꺾어 모양을 잡아가며 짜는 것이 어려우니 강하게 눌러가며 짠다.

9

5cm

따라엮기 p.25

10   4개의 날대를 한 그룹으로 삼고 1번 날대는
2, 3번 날대 위를 지나 4번 날대 아래로 끼워
넣는다. 오른쪽으로 한 칸씩 이동하며 동일
한 방식으로 엮어 나간다. 날대를 최대한 당
겨가며 끼워 빈틈없이 마무리해 거울을 완
성한다.

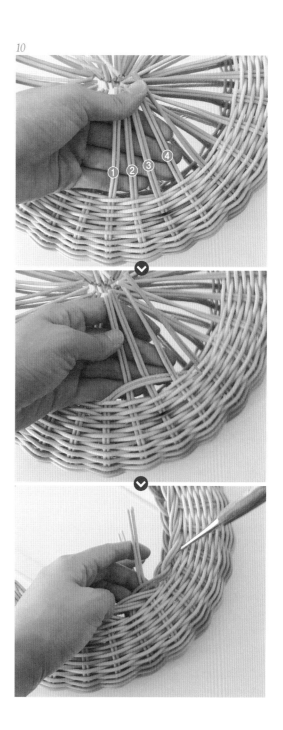

일상을 엮다,
라탄 라이프

펴낸날 초판 1쇄 2019년 8월 20일 | 초판 5쇄 2020년 8월 5일

지은이 김경희

펴낸이 임호준
본부장 김소중
편집 박햇님 김유진 고영아 이상미 현유민
디자인 김효숙 정윤경 | **마케팅** 정영주 길보민
경영지원 나은혜 박석호 | **IT 운영팀** 표형원 이용직 김준홍 권지선

기획 이한결
인쇄 (주)웰컴피앤피

펴낸곳 비타북스 | **발행처** (주)헬스조선 | **출판등록** 제2-4324호 2006년 1월 12일
주소 서울특별시 중구 세종대로 21길 30 | **전화** (02) 724-7664 | **팩스** (02) 722-9339
포스트 post.naver.com/vita_books | **블로그** blog.naver.com/vita_books | **인스타그램** @vitabooks_official

ISBN 979-11-5846-305-2 13630

• 이 도서의 국립중앙도서관 출판예정도서목록(CIP)은 서지정보유통지원시스템 홈페이지(http://seoji.nl.go.kr)와
  국가자료공동목록시스템(http://www.nl.go.kr/kolisnet)에서 이용하실 수 있습니다. (CIP제어번호:CIP2019030351)

• 비타북스는 독자 여러분의 책에 대한 아이디어와 원고 투고를 기다리고 있습니다.
  책 출간을 원하시는 분은 이메일 vbook@chosun.com으로 간단한 개요와 취지, 연락처 등을 보내주세요.

비타북스는 건강한 몸과 아름다운 삶을 생각하는 (주)헬스조선의 출판 브랜드입니다.